Eurus Notus Zephyrus

豊川斎赫
Saikaku Toyokawa

丹下健三

戦後日本の構想者

岩波新書
1603

目　次

序　残酷な建築のテーゼ

ある人は、この今の日本で、美は悪であるという。たしかに、そのような面がないとは言い切れないものがあるだろう。しかし、だからといって、生活機能と対応する建築空間が美しいものでなければならず、その美しさを通じてのみ、建築空間が、機能を人間に伝えることが出来る、ということを否定しうるものではない。このような意味において、「美しき」もののみ機能的である、といいうるのである。

「現在日本において近代建築をいかに理解するか」一九五五年

建築家はその構想力によって、民衆を把握していくことが出来る――構想力のない建築家は、いくら民衆、民衆といっても、民衆を発展的につかむことは出来ない。

「建築家は民衆をどう把えるか」一九五六年

「美しきもののみ機能的である」

「美しきもののみ機能的である」。挑発的な響きさえ持つこの言葉は、建築家・丹下健三が残した名言の中でも突出して有名で、さまざまな場面で繰り返し引用されてきた。

この言葉がインパクトを持つ要因として二つ挙げられる。一つは、いかに実態が醜悪でもそれを華麗な表層で覆ってしまえば美しくなる、という美容整形的な発想と丹下の言葉が一線を画するためである。もう一つは、求められた機能を真面目に充たそうと心がければ、余分な要素が削り落とされ、自ずと美しくなる、という機能主義的な発想と丹下の言葉が対極に位置するためでもある。丹下の発言は、美容整形とも、機能主義とも大きく異なり、選ばれし者のみが美を創出しうる、という神話的でロマン主義的な発想に基づいていた。

冒頭の文章が雑誌に掲載された一九五〇年代半ば、丹下が美容整形的なデザインと機能主義的なデザインについてどのように理解していたか、簡単に振り返ってみたい。まず前者について、当時、戦勝国アメリカではジャパニーズ・モダンと称されるオリエンタルな和風デザインが流行していた。そして、ジャパニーズ・モダンは欧米人の認めるデザインとして日本に逆輸入されたが、これに対して、丹下は表層の細部をいじっただけの美容整形的な「インチキ」だ、と批判していた。

また後者について、丹下は機能主義を信奉する同業者から、社会の実相に向き合わず、雑誌に掲載される竣工写真の美しさばかり気にするのはけしからん、と批判されていた。ここで言う社会の実相とは、当時の日本の工業生産水準であり、民衆の生活水準を指す。丹下を批判する機能主義者たちは、民衆に寄り添い、日本の低水準な工業製品を素直に使いつづけることが機能主義的で素朴な美しさにつながる、と純粋に信じていた。こうした設計スタイルはテクニカル・アプローチと呼ばれ、天才的な建築家一人による設計ではなく、皆が平等に知恵を出し合う共同設計が模索された。今日的にいえば、インターネット上の無数の情報を結び付け、みんなの力で社会問題の解決を図る、アノニマス・デザイン(匿名的思考)の先駆けとも呼べるだろう。

丹下健三(1913–2005). Ⓤ

しかし、丹下はテクニカル・アプローチによって民衆を把握することはできないと断言し、建築家の構想力によってのみ民衆の実相を摑み、美しさを確保し、機能的な建築を作ることができる、と啖呵を切っている。丹下の発言はたとえ真実であったにせよ残酷であり、敗戦後の困窮極まる社会を救いたい一心で共同設計に取り組む純朴な建築関係者を切って捨てる言葉であった。

では、丹下は実際にいつも一人で設計し、天才的な構想力を発揮していたのかといえば、そうではない。一九七三年まで、丹下の設計は大学の研究室で行われ、研究室に所属する卒論生や大学院生らとの協同作業からいくつもの傑作が生み出されていった。極論すれば、丹下の構想力の基盤は研究室にあった、と言えよう。

丹下健三と丹下シューレ

ここで、丹下健三について簡単に紹介しておきたい。丹下は一九一三年大阪府に生まれ、一九三八年東京帝国大学工学部建築学科卒業後、前川國男建築事務所に就職し、岸記念体育館等を担当した。退職後、東京帝国大学大学院に入学し、大東亜建設記念造営計画設計競技にて一等となる。丹下は戦後、東京大学建築学科助教授となり、丹下研究室内で独自の都市解析を進める傍ら、戦後日本の復興を象徴する数々の公共建築の設計を手がけた。この間、丹下研究室から多くの著名な建築家、官僚が輩出されたことでも知られる。

一九七四年東京大学を定年退職後、中近東、アフリカ、ヨーロッパ、シンガポールなどで広大な都市計画、超高層計画を実現し、「世界のタンゲ」と呼ばれるに至った。代表作に広島平和記念公園、旧東京都庁舎、香川県庁舎、国立屋内総合競技場、東京カテドラル、山梨文化会館、大阪万博お祭り広場、アルジェリア・オラン総合大学、ナイジェリア新首都計画、新東京都庁舎などが挙げられる。

丹下，東大の研究室にて．Ⓤ

本書では丹下自身をはじめ、丹下研究室で建築を学んだ門下生を「丹下シューレ」(丹下学派)と呼び、その中から、浅田孝、下河辺淳、大谷幸夫、槇文彦、磯崎新、黒川紀章、神谷宏治、谷口吉生といった八人にスポットを当ててみたい。

また、本書は前半、後半に分けられる。第1章から第3章までの前半では、戦災復興計画から大阪万博、海外進出、そして臨海副都心における都市博覧会まで、丹下の戦後の歩みを時代順に整理する。後半の第4章では、丹下シューレ八人の足跡を辿ることで、丹下の業績を相対的に捉え、二〇二〇年東京オリンピックのスタジアム建設問題まで接続する。丹下や丹下シューレの活動範囲は日本国内にとどまらず、グローバルに広がる。そこで本書では、戦後の東京の変容をサブテーマに据えている。

日本近代建築を著述するための時代区分

ここで本書と先行研究の関係、および時代区分について整理しておきたい。これまで日本の近代建築は何人かの高名な建築史家によって著述されてきた。その中で特に知られているのが、稲垣栄三の『日本の近代建築』と藤森照信の『日本の近代建築』である。両者の著作は日本における近代建築の黎明と発展を、明治初期から第二次世界大戦までのスパンで描いている。

稲垣はその「はしがき」の中で、戦後の建築のもつ多くの要素の萌芽は戦前に見いだすことができるため、戦争中の空白で自著を締めくくりたい、と述べている。つまり、一九五九年当時の稲垣にとって、戦後の建築は戦前のそれの延長に過ぎなかったのである。また、稲垣は議論の焦点を建築家・堀口捨己《ほりぐちすてみ》(一八九五―一九八四)に据えている。堀口は大正期に建築家としての自覚を持ち、昭和初期に西洋発祥の近代建築を受容し、戦時中に茶室研究を通じて建築における日本的なものを追求した。稲垣は堀口の後ろ姿に日本の建築家の理想を見いだしていたようにも感じられる。

藤森は同じタイトル、同じ時代設定を選択しつつ、明治初期に日本に伝搬した西洋建築を長崎に上陸したヴェランダ・コロニアルと北海道に上陸した下見板《したみいた》コロニアルに分別する。これにより、グローバルな視点から日本の近代建築の黎明期を活写した。また、藤森は議論の焦点の一つを考現学者・今和次郎《こんわじろう》（一八八八―一九七三）に据えている。今は堀口が所属した分離派と対極に位置し、都市の刹那的な風俗やバラック商店の中に建築の本質を捉えたが、藤森は今の発想が早すぎたために社会に受容されなかった、と残念がっている。さらに、藤森の『日本の近代建築』は太平洋戦争の敗戦を告げる玉音放送とともに幕を降ろす。

明治時代が慶応三年（一八六七年）の大政奉還から始まり、さきの戦争が昭和二〇年（一九四五年）八月一五日の玉音放送で終わったとすれば、二人の建築史家はおよそ七八年間の建築の出来事を追ったことになる。一方で、二〇一五年は戦後七〇年に該当し、時間の長さからすれば、大政奉還と二〇一五年のおよそ中間に玉音放送が位置づけられ、戦後がいかに長く持続しているかを感じさせる。

こうした時代変遷の中に、あらためて日本の近代建築を捉え直すと、その可能性が戦前で出揃ったとは考えづらい。というのも、戦災復興と冷戦、高度経済成長と全国総合開発計画、オイルショックと環境保全、情報化社会とネオリベラリズム、といった劇的な社会変化に伴って、日本の近代建築は独自の発展を遂げたからである。

そこで本書は、稲垣や藤森とは対照的に戦前を意図的に扱わず、一九四五年八月六日の原爆投下から二〇一五年までの丹下と丹下シューレの足跡を扱うこととする。この時代区分の短所は、戦前・戦後の連続性が失われ、丹下の戦争責任論を回避しているように受け取られる点にある。これについては、建築史家・井上章一の『戦時下日本の建築家――アート・キッチュ・ジャパネスク』を筆頭に、多くの論者によって議論がなされ、拙著『群像としての丹下研究室』でも紙幅を割いているため、興味のある方はそちらをご一読いただきたい。

一方の長所は、丹下と丹下シューレたちが歩んだ足跡が二一世紀の日本の建築に直に接続していることが示せる点に尽きる。極論すれば、堀口や今に代わって丹下に照準を合わせることで、アクチュアルな日本近代建築史を描くことができる、と期待される。

第1章　焼野ケ原からの復興

1　平和を生産する工場――広島平和記念公園

太平洋戦争と戦災復興計画

一九四五年八月二日、東京の丹下のもとに郷里の今治から「チチシス」の電報が届いた。当時、丹下は東京帝国大学大学院に所属し、都市と建築の研究の傍らで設計に勤しんでいた。父はかねてから胃潰瘍を患っており、丹下は一刻も早く今治へ戻ろうと汽車に乗り込んだが、車中で「広島に新型爆弾が投下された」という噂話を耳にする。ようやく今治に到着した丹下は、実家が数日前の空襲で灰となり、母も亡くなったことを知らされた。丹下は兄弟らと葬式を済ませ、失意の内に東京に戻った。

一九四六年四月、丹下は東京帝国大学工学部建築学科の助教授となり、丹下研究室がスタートする。当時の丹下は戦災復興院(後の建設省)の委嘱により呉、広島といった都市の復興計画の作成を担当し、考察を行っている。この作業は研究室メンバーの他に、早稲田大学の武基雄《たけもとお》教授らと協働して進められた。

例えば呉は、佐世保や横須賀などと同じく戦前に軍港として栄えたが、敗戦によって軍需そのものが消失し、それを支えた商業も経済基盤を失ってしまった。また空襲によって市内中心部が焼失し、連合軍による占拠もつづいていた。こうした観点から武や丹下は、呉がどのような産業を興し、都市の発展を図るかが戦災復興計画の最大の焦点であり、呉の立地条件の分析と将来の産業構成に対する考察が重要である、と記している。

また、広島の復興計画に対して、丹下は山陽工業地帯の形成とその軍事的発展をひもとき、その一部をなす広島の特性や地域構造の変遷を導き出そうとした。その際、丹下らが注目していたのが人口構成の推定で、土地および施設配分計画、土地利用計画を立案している。しかし、丹下らの努力も虚しく、戦災復興計画の多くは実現することはなかった。この理由について、丹下は自らの見解を以下のようにまとめている。

多くの都市は、焼野ケ原の上に白紙の上に描いたような将来の理想図を立案いたしました。しかし多くの都市のその計画は、隠れていた古い勢力のためにしだいに浸蝕されて、元の木阿弥に帰ろうとしています。現在は、都市計画の危機であります。その危機を救うものは何かと申しますと、私は端的に、新しい生活を求める人たちが作り出す輿論であると信じるようになったのであります。

「明日の都市への展望」一九四九年

ここで指摘されている「古い勢力」とは、復興計画に反対して立ち退きを拒否したり、法外な立退料を要求したりする地権者らを指すものと思われる。こうした既得権益に対抗し、理想的な都市を建設するには、「新しい生活」を求める人たちが作り出す「輿論」に期待するしかない、と丹下は確信するに至った。

丹下が考える「新しい生活」とは何か

一九四九年三月、横浜で日本貿易博覧会が開催された。ここで丹下は外国館内部の展示を任され、「新時代の生活と技術」をテーマに掲げた。その背景には、生活とその環境についての世界の水準、ならびに将来への動きについて観衆に知ってもらいたい、と丹下が願ったことがある。この結果、以下のような明快な見出しと共に、たくさんの写真を大きく引き伸ばし、展示が行われた。

一　新しい時代がはじまっている。（ロックフェラーセンターの空撮）
二　都市、建築、工芸すべてに新しい精神がみなぎっている。（モダンデザインの写真）
三　しかし問題がないのではない。（朝の通勤ラッシュ風景）
　　家庭の主婦の生活は？（豊かな食事を楽しむ男女　アメリカ映画の一コマ？）
四　生産力の上昇がひとびとの生活の向上をもたらしてゆく。（アメリカTVAの紹介）
五　技術化、合理化によって家庭生活の能率がたかめられていく。
　　さらに生活の集団化、共同化がひとびとの生活の向上を保証している。
　　（低収入家庭のためのコミュニティ、田園都市などの写真）
六　世界は新しい都市をつくりつつある。（ル・コルビュジェの計画紹介）

ここに示された「新しい生活」とは、アメリカの経済力に裏打ちされた都市生活であった。また、理想的な社会を構想するのがヨーロッパの建築家ル・コルビュジェであった。丹下は博覧会終了後、博覧会が貿易というテーマを掲げているものの、お祭り気分が抜けず、投機的で賭博的な要素が散見されたことに苦言を呈している。また、丹下は、自らが担当した展示の中で日本の現実に触れられなかったことを悔やんだ。

一方で、敗戦間もない日本において、「新しい生活」や新しい社会建設の目標はアメリカの他に、社会主義国の存在が欠かせなかった。丹下の周りにいた多くの建築家たちは、一九四七年六月に組織されたＮＡＵ（New Architect's Union　新日本建築集団）に参加し、社会主義の理想を、建築の実践を通して論じ合っていた。

当時の丹下は、マルクスについて他の建築家以上に学習し、ＮＡＵに勧誘されたものの、ついに参加することはなかった。というのも、丹下の妻・とし子が「共産主義そのものは否定しませんが、組織に入って活動するのは反対です」と主張し、丹下もこれを受け入れたためであった。一九五〇年代、ＮＡＵに参加した日本の建築家たちはマッカーシズムによって渡航を禁じられたものの、ＮＡＵに参加しなかった丹下は比較的自由に欧米に渡航できたのである。

広島コンペ

一九四九年八月六日、広島平和記念都市建設法が公布され、恒久の平和を誠実に実現しようとする理想の象徴として、広島市を平和記念都市として建設することとなった。この法案が公布されるしばらく前、イギリス出身の建築家で進駐軍の広島市建築・都市計画顧問を務めたジャッピー氏は、原爆被災者の慰霊を目的として五重塔のような鐘楼を建てることを検討していた。

鐘楼の建設案を耳にした丹下はこれに反対し、ジャッピー氏と共に両国の震災記念堂(現在の東京慰霊堂)を訪れ、単なる記念碑を建設しても市民から忘れられた存在になる、と強調した。

その後、「広島市平和記念公園及び記念館協議設計」(以下、広島コンペ)が公示され、世界的な平和会議のできるような集会場、原爆資料陳列室、研究室、図書室、食堂と、平和の祈りをささげる鐘を吊るすための塔を、この公園と一体として計画することが要求された。

広島平和記念公園．丹下案の敷地模型．『新建築』1954年1月号より

広島コンペは一九四九年七月に締め切られ、丹下らの案は見事、一等を獲得したが、丹下案の要点は配置と建築計画に求められる。まず配置について、丹下は与えられた敷地の北側に位置する産業奨励館の残骸(現在の原爆ドーム)に照準を合わせるように南北に規準線を引き、この線上に祈りの場・広場・建築群を配していっ

た。この建築群は敷地の南端に位置し、規準線に直交する東西方向に長く配置している。この結果、敷地の中央に立派な施設をするのではなく、彼岸の象徴ともいえる原爆ドームと直に向き合う広場の建設に力点が置かれた配置計画となった。また建築計画は、陳列館を中心として本館とホールが左右に配され、モダンデザインを基調としながら、作為的な記念性の表現を抑制し、周囲の環境に対して開放的であることを求めて、ピロティ(高床形式)を積極的に用いている。

丹下はこの施設の計画に込めた意味合いを以下のように説明している。

平和は訪れて来るものではなく、闘いとらなければならないものである。平和は自然からも神からも与えられるものではなく、人々が実践的に創り出してゆくものである。この広島の平和を記念するための施設も与えられた平和を観念的に記念するものではなく、平和を創り出すといふ建設的な意味をもつものでなければならない。わたくし達はこれについて、先づはじめに、いま、建設しようとする施設は、平和を創り出すための工場でありたいと考へた。その「実践的な機能」をもつた工場が、原爆の地と結びつくことによつて、平和を記念する「精神的な象徴」の意味を帯びてくることは、極く自然のことであろう。

「廣島市平和記念公園及び記念館競技設計等選圖案　一等」一九四九年

丹下は、平和が与えられるものではなく、実践の中から作り出してゆくものであることを強調したが、その理由の一つに、進駐軍の検閲で広島の原爆被害の現状を自由に報道することができなかったことが挙げられる。つまり、戦後日本の「新しい生活」のモデルは自由と民主主義の国アメリカであり、一方で広島に原爆を投下して厳しい情報統制を強いたのもアメリカであった。こうしたアンビバレントな状況下で、戦争のない、新しい社会を建設するためには、輿論を惹起して、市民一人ひとりが行動に移す必要があった。「平和を創り出す工場」としての機能が付与された広島平和記念公園こそ、戦後日本の市民社会の形成に重要な意味を帯びることとなったのである。

プロトタイプとしての伊勢神宮と桂離宮

広島コンペ入賞後、実施設計に向けて準備が始まったが、コンペ案では施設群中央の陳列館は細い丸柱が均等に据えられていた。指物大工の力を借りて、陳列館の五〇分の一の木の模型を作る中で、丹下は近代建築特有の合理的で軽妙な表現を目指すのではなく、廃墟のなかから立ち上がってくる力強いものを、コンクリートを頼りにして創ってみたくなった、と記している。そこで丹下は、丸い列柱をやめて、変形断面の柱を採用し、東西に走る二本の主梁を双曲線状に撓《たわ》ませることで、力強さを表現しようと模索した。

恐らく、当時の丹下の頭の中には、力強いピロティの原型(プロトタイプ)として二つの事例が浮かんでいたと思われる。一つは、丹下自らが指摘するように、伊勢神宮の高床であった。丹下は力強く荒々しい丸柱が剝き出しになった伊勢を、陳列館のピロティに重ね合わせようとした。もう一つは、コルビュジェが取り組んでいたユニテ・ダビタシオンであった。

一九三八年、フランスはコルビュジェに集合住宅の設計を委託し、マルセイユにユニテを設計している。この集合住宅の足下はピロティで構成されているが、陳列館と同じ変形断面の柱を採用している現場写真が雑誌『新建築』(一九四九年一二月号)でも紹介されている。しかし、コルビュジェのピロティは同じ変形断面が連続するが、丹下の陳列館のピロティは一本一本の柱の断面がダイナミックに変形しており、模倣の域を超えていた。

また本館は、陳列館とは対照的に水平垂直の細いプロポーションが追求されている。丹下は大量の図面を引いて検討を重ねたものの、どの一本の線も、自信を持って引くことができなかった。同時に、指物大工が作ってくれた幾種類かの柱と梁の組合わせの模型のそれぞれのプロポーションのなかから、何に頼って選択すればよいだろうか、と逡巡している。その際に、丹下が頼りにしたのが桂離宮のプロポーションであった。

丹下が撮影した広島平和記念館．上：陳列館の変形した柱，下：本館の水平垂直の柱．Ⓤ

そもそも近代建築は過去の建築様式や装飾を破棄することを旨とするが、丹下は広島平和記念公園の陳列館と本館において近世以前の建築にプロトタイプを求めている。この点で、丹下の試みはたんなる近代建築の輸入・模倣を超えて、日本という非西洋の歴史的文脈の中で、自らの近代建築の文法を獲得せんとする試みであったといえよう。

イサムノグチとのコラボレーション

イサムノグチは日本人の父とアメリカ人の母を持ち、戦前にアメリカで生まれた。その後、イサムは彫刻家として活躍しはじめ、戦後来日した際の歓迎会で丹下と出会っている。この時、イサムは、日米の血が流れる者として広島で平和共存の夢を託す仕事がしたい、という希望を丹下に伝えた。その後、朝鮮戦争が勃発する前日の一九五〇年六月二四日、イサムは丹下研究室に立ち寄っているが、広島平和記念公園の図面や模型を見て、ますます創作意欲がかき立てられた、と推測される。

一九五一年春、いよいよ陳列館の現場工事が始まった。建設省は敷地の南を東西に走る一〇〇メートル緑道(現在の平和大通り)に二本の橋を架ける工事に取り組んでいたが、この橋の欄干のデザインを丹下に依頼した。丹下は広島でイサムとコラボレーションすることに前向きで、浜井信三・広島市長と建設省の了解を得て、欄干のデザインをイサムに依頼することにした。

イサムは敷地から見て東側の平和大橋について、昇る太陽と生きる力のイメージを重ね合わせ、欄干を太く、力強いデザインとした。さらに末端部分で空に向かって跳ね上げ、半球体を取り付けている。一方の西平和大橋では、東よりも細めの欄干を二本並行させ、末端部は日本の古い舟をかたどっている。これは死後、船に乗ってあの世に静かに去って行くという世界観に基づくものだった。

丹下とイサムノグチ．Ⓤ

一九五一年一一月、丹下はイサムと共に浜井市長に面会し、平和記念公園中央部に設置予定の原爆慰霊碑をイサムに依頼することを相談している。この慰霊碑は約一一万人の原爆死没者名簿を納めた奉安箱を安置するためのもので、既成の宗教宗派と国境を越えた普遍性を持つことが求められた。丹下は、コンペ案で広場の中心をまたぐ大掛かりなアーチを想定していたが、実施設計の段階では、小規模なハニワのようなものを原爆ドームから下ろした規準線上に据える検討を行い、イサムに具体的なデザインを依頼したのである。

イサムはこれをチャレンジングなテーマと捉え、地下に深く刺さる太いアーチ状の慰霊碑をデザインした。慰霊碑の素材は御影石とし、地上面ではわずかに抜けがあり、この抜けの先に原爆ドームが覗けるようになっていた。地下には戦没者名簿の安置所が設けられた。この検討作業は丹下研究室内で粘土を用いて行われたが、丹下はイサムの慰霊碑の模型を見て、「古代の玉のようなおおらかさ」を持ち、素晴らしいものと感じていた。

しかし、広島コンペの審査委員長を務め、丹下の師であり上司でもあった岸田日出刀《きしだひでと》（東京大学工学部建築学科教授）は、原爆を投下したアメリカ人が原爆慰霊碑を作ることに強く反対し、「君とノグチの友情と、このわれわれの気もち、君はどちらかを選び、どちらかを捨てなければならない」と丹下に迫った。丹下は逡巡した挙げ句、イサムの案を破棄し、自らの鞍型シェルの慰霊碑を採用するに至った。この騒動は一九五二年四月八日付の地元紙『中国新聞』でも大きく取り上げられ、「誇り傷つけられたイサム・野口　慰霊碑設計を葬られる」と報じられている。

神々の尺度

一九五一年七月、丹下はイギリス・ロンドン近郊のホッデストンで開催される第八回CIAM（近代建築国際会議）に招聘され、国際的に活躍する建築家たちの前で、広島計画をプレゼンテーションする機会を得た。丹下は幾度もプロペラ機を乗り継いでロンドン入りしたが、その直前にローマに立ち寄っている。そこでは、かねてから憧れていたミケランジェロの建築や彫刻を堪能し、古代ローマ遺跡が「神々の尺度」で貫かれていることに感嘆している。

一般に、近代建築は「人間の尺度」(ヒューマンスケール)に基づくとされ、これは椅子の座面高さや天井高さなど、さまざまな建築のサイズは平均的な人体寸法から割り出すのが正しいとされた。しかし丹下は、近代社会が群衆によって成立することに注目し、数万人もの群衆を一度に受け入れる尺度として「社会的人間の尺度」に言及する。これは古代ローマの「神々の尺度」に通ずるものであった。丹下は広島平和記念公園が数万人の慰霊祭参加者を迎え入れることを想定し、「神々の尺度」に近しい「社会的人間の尺度」で広島計画全体を構成したが、古代ローマの遺跡を自らの眼で見て、その構想への確信を深めるに至った。

丹下，広島にて．1955 年 8 月 6 日．Ⓤ

第八回CIAMのテーマは「都市の心臓」と題され、西欧都市の戦災復興をいかに成し遂げるかが問題となっていた。会議に集った多くの建築家たちは新しい都市のビジョンを提示するというよりは、古き良き中世都市に先祖返りする傾向が強かった。これに対して、丹下は東京で待つ浅田孝宛に以下のように綴っている。

Core の問題も一部には closed society へ後退しようとする傾向が非常に強くなって来ました。観念的な Gemeinschaft の考え方が支配しています。形態的にも中世の Piazza への郷愁が非常に強く働いています。この傾向は、Le Corbusier や Sert たちが南米や印度の未開社会に接したことにはじまっているように思われます。(中略)若い人たちは、伝統、風土の地盤に立つよりは、むしろ技術の上に立とうとしています。その人たちは、より America か、より Soviet に近づきつつあります。

浅田孝宛書簡、一九五一年七月一四日ロンドン

横浜での日本貿易博覧会で、丹下は「生産力の上昇がひとびとの生活の向上をもたらしてゆく」というスローガンを掲げ、アメリカのルーズベルト大統領が主導した公共事業TVAを紹介したが、これとは対照的に、CIAMに参加していたヨーロッパの近代建築家たちは、未開

社会と遭遇するなかで、過去への郷愁に支配されていた。そして新世代の建築家たちはアメリカやソビエトを目標に技術に立脚点を求めはじめている点に、丹下は注目している。

丹下は全国の戦災復興計画の作成に協力し、広島平和記念公園の設計を機に国際デビューを果たし、初めてコンクリート造建築の監理に携わった。その際に丹下は、アメリカやソビエトの高い生産性に理想を求めつつ、欧米の近代建築を単に模倣するのではなく、伊勢や桂といったプロトタイプから日本的な建築文法を導きだそうとしたのである。

2　首都の人口過密と経済発展の止揚——東京都庁舎

国土計画への視座

戦前、戦後を通じて、丹下は自ら設計する建築が都市・国土と有機的に結びつくことを絶えず目指して来た。言い換えれば、東京都庁舎のような公共建築を設計する際、知事室の居心地や内装から考えるのではなく、敷地周辺を取り巻く都市や、その都市を包含する国土全体の課題を整理した上で、具体的なデザインに着手した。この点で、丹下の設計スタイルは住宅デザインを専門とする建築家と大きく異なっていた。

そもそも国土計画とは、国土の合理的な利用および開発を図る計画といわれ、土木分野のテリトリーであった。一九四〇年代末の丹下は、建築の専門家であったものの、国民生活の安定と福祉の増進を国土計画の目的と据え、建築分野から都市・国土へ至る手法を考えていた。

当時、日本の国土計画には二つのアプローチが示されていた。一つ目のアプローチは、都市計画的な現実から出発する国土計画で、都心への人口集中を避けて、都市の分散を唱える発想によるものである。これは都市計画家・石川栄耀《ひであき》の生活圏構想に代表され、半径五キロメートルの日常圏、半径一五キロメートルの週末圏、半径四五キロメートルの月末圏、半径一三五キロメートルの季末圏の中で職住近接の生活を送る、という構想であった。ここでは長時間の通勤地獄が解消され、都市と農村の均衡が図られ、今日の国土交通省が主導するコンパクトシティに近しい発想であった。

二つ目のアプローチは、経済学的、社会学的な観点から国土全体を把握する方法で、エネルギーや工業立地の合理化が主眼に置かれている。これは今日の経済産業省が主導するスマートコミュニティにつながる。

一つ目のアプローチである生活圏構想と丹下のスタンスとの違いは、都心への人口集中を肯定する姿勢に集約される。丹下の見解に従えば、人々は雇用や学習の機会を得るために都心に

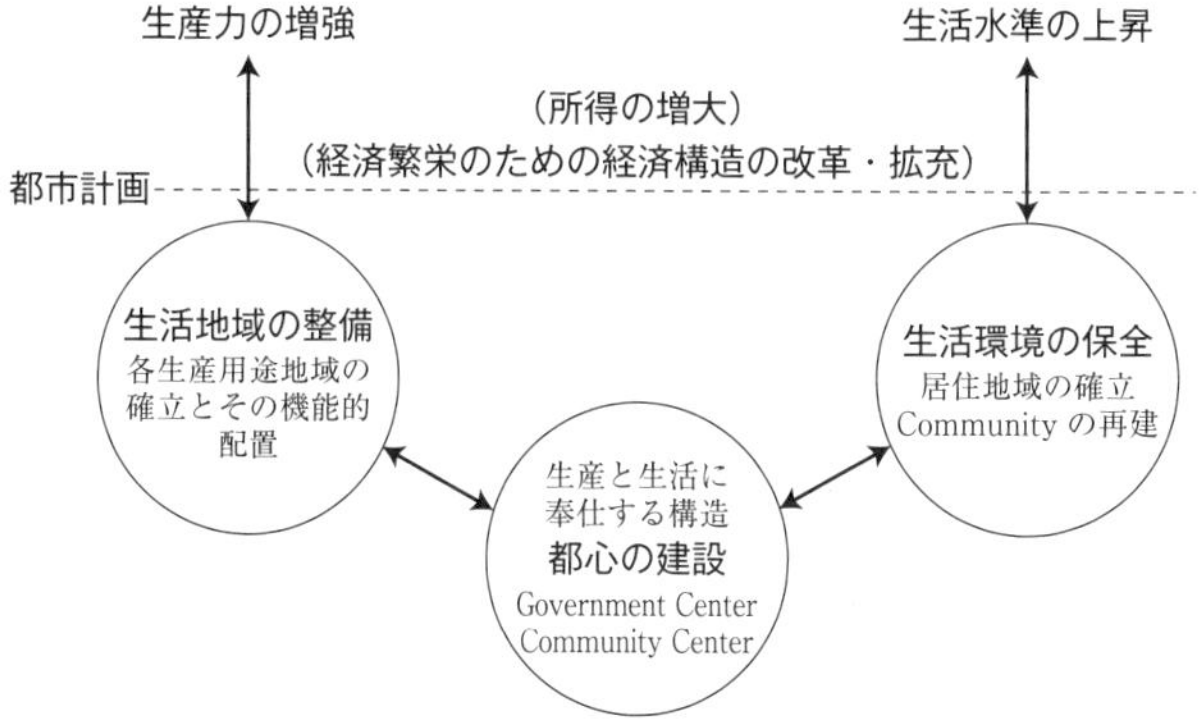

都心の建設．『都市計画』1953 年 7 月より

向かうのであり、人々が自らの意志に基づいて都心へ向かう力こそ戦後経済復興の礎であった。このため、丹下は生活圏構想が人々の移動の自由を奪い、人々を仕事の乏しい田舎に貼付け、実質的に国民生活を向上させない、と考えていた。また二つ目のアプローチは、丹下にとって抽象的な議論に止まり、具体性に欠けていた。

一九五一年、丹下は稚内の都市計画の作成を依頼され、研究室の大谷幸夫らと報告書を作成している。それ以前まで丹下は、国土計画の目的に福祉の増進を据えていたが、稚内の報告書ではこれをより具体的に読み替え、国民所得の増大・均等・安定を謳っている。大谷の説明によれば、国民所得を増大させるには経済機構の改革拡充が必要であり、生産地域の整備による「生産力の増強」と、生活環境の保全による「生活水準の上昇」が求められる。「生産力の増強」と「生活水準の上昇」の両立は、人口過密や公害などの環境破壊を引き起こし、都心において最も顕在化しやすい。このため、都心を生産と生活に奉仕するよう建設することが重要になる。これを都心に立つ建築に即して言い換えれば、生産と生活によって生じる諸矛盾を都心に立つ建築が解消し、建築・都市・国土が有機的に一体化することこそ、建築家・丹下の課題となった。

密度・配置・動き

丹下が人口動態に興味を持った理由の一つに、丹下の上司であった高山英華《えいか》・東大建築学科教授からの指示が挙げられる。当時、高山は都市計画を専門とし、「密度・配置・動き」という三つのキーワードを掲げていた。高山自身は密度と配置、すなわち容積と用途地域を自らのテーマとし、丹下には輸送手段の発達に呼応した人々の動きを割り振っていた。

丹下は研究室の卒論生と共に人口動態と経済活動の関係を分析し、研究成果を卒業論文として蓄積していった。具体的には、通勤現象そのものを統計学的にモデル化し、核と圏域の構造を見極めようと試みている。丹下は自らの博士論文の中で、「都心が通勤者通学者の固定的な人口集団と、サービス享受のために集まる流動的な人口集団を集中的に吸収している」とし、「居住地域の外延に向かう膨張」と「都心の成長」が同時に進行している、と分析している。

これを立証するために、丹下は以下四つに着目した。一つ目に、職住の分化の程度を測定しながら、都心から何キロメートル圏内に九〇パーセントの通勤者通学者が居住しているかを検証している。その結果、丹下は東京、大阪、横浜で一〇―一五キロメートル圏内に、その他の都心では五キロメートル圏内としている。二つ目に、東京都心の二三区の特質について言及し、三つ目に、バス、都電、国鉄、私鉄といった交通機関別の通勤時間や特性を分析する。四つ目に、自動車交通と駐車場、歩行者の関係に注目している。ここから、「交通の問題は人口の地域的配分の問題と深く関連しまた施設容積の地域構成とは切り離して考えることが出来ない」と結論づけている。

この研究が始まったのは敗戦直後であった。当時の東京における長距離通勤手段はもっぱら電車やバスであったが、鉄道の路線延長によって居住域が拡大しつづけ、一九五〇年代後半に入ると、都心では自動車の増加によって交通が麻痺状態に陥る。丹下研究室で書かれた卒業論文は、東京の交通手段の発展プロセスと建築の高層化に歩調を合わせ、積み重ねた研究年譜ともいえる。このため、可能な限り少ない方程式で都市現象の説明を試みているが、それによって総ての現象を説明できるはずもなく、その都度の試行錯誤を反映したものであった。

人口の水平移動と垂直移動

丹下の主張に沿って、経済復興のために都心に通勤者が押し寄せた場合、彼らの働き場所であるオフィスを大量に供給する必要が生じる。このため、丹下は都心部の小さなオフィスビルを一つひとつ設計するのではなく、街区単位で再開発を行い、快適で合理的なオフィス空間を生み出す手法を提示している。この先駆けとなったのが、有楽町に計画された東京都庁舎であった。

丹下は一九五二年に行われたコンペで一等を取り、東京都庁舎の設計を担当することとなった。この敷地には現在の東京国際フォーラムが建っており、最寄り駅はJR有楽町駅で、文字どおり東京の都心と呼べる場所であった。丹下案が採択された理由として、明晰な分析と近代性が追求され、交通処理の問題における都市計画的な深い考察がなされた点が挙げられる。

丹下は都庁舎の計画を始めるにあたって、有楽町以外にも大手町、神田、月島、市ヶ谷、新宿といった他の地域に都庁を移転した際の長所・短所を整理している。これを要約すれば、有楽町は他の地域に比べてアクセスしやすい場所だが、周辺の鉄道網のために将来計画が立てづらく、自動車渋滞や騒音問題もひどかった。

丹下は、自動車渋滞の緩和を目指して、都庁舎へ向かう歩行者の移動を中二階レベルに設定

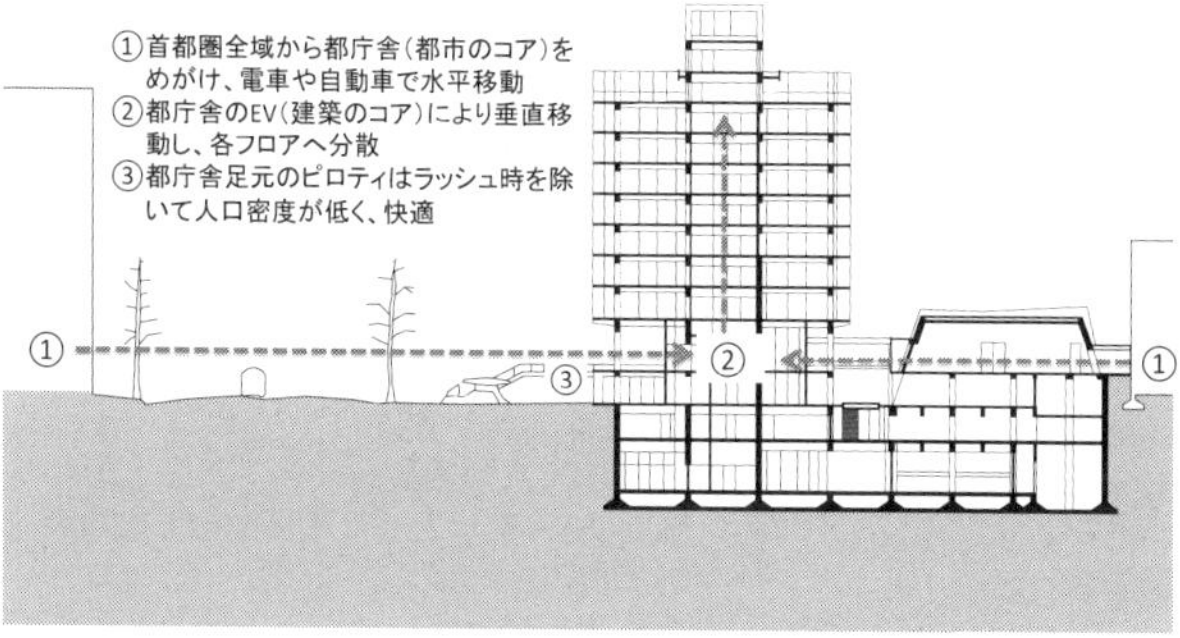
①首都圏全域から都庁舎（都市のコア）をめがけ、電車や自動車で水平移動
②都庁舎のEV（建築のコア）により垂直移動し、各フロアへ分散
③都庁舎足元のピロティはラッシュ時を除いて人口密度が低く、快適
①
②
③
①

丹下が提案した都庁舎のピロティ

していた。これは、将来的に都庁周辺一帯にペデストリアンデッキ（空中歩廊）が設置されることを予想し、まず都庁舎の敷地内で自動車と歩行者の移動を円滑に分離しようとしたのである。都庁舎を訪れた歩行者は、まず一階の吹き抜けピロティにアクセスするが、このピロティは都民に解放され、自由に集える場であった。さらに、ピロティの奥にはエレベーターや階段、空調シャフトなどを納めた建築のコアが据えられ、庁舎を訪れた人々は用件のある階にエレベーターや階段でアクセスすることになる。

丹下の提案を移動の観点から読み替えると、まず、都庁職員や都庁利用者は、居住地から鉄道やバスで水平移動しながら有楽町を目指し、都庁舎ピロティに到着する。次いで、彼らはピロティの奥に据えられた建築のコアにアクセスする。そして、エレベーターや階段によって淀みなく、シームレスに垂直移動し、目的を達成する。この結果、一階のピロティは混み合うこともなく、いつでも都民の憩いの場となりうるのである。繰り返せば、丹下は、都市の周縁部から都市のコアを目指して水平移動してくる人の流れを、建築のコアによって垂直移動に変換した。これによりピロティ部分の人口密度を可能な限り引き下げ、快適な公共空間を実現することで、都市のコアと建築のコアの有機的な統合を目指したのである。

ペリアン、岡本太郎とのコラボレーション

広島平和記念公園でイサムノグチとコラボレーションしたように、丹下は都庁舎でシャルロット・ペリアンや岡本太郎といったアーティストとコラボレーションしている。

ペリアンは丹下が尊敬して止まなかった建築家ル・コルビュジエのパートナーとして活躍した女性アーティストであり、インテリア・デザインでも顕著な功績を残していた。丹下にとってコルビュジエとペリアンの協働は、建築家とアーティストの理想であった。また、ペリアンの作成した椅子が単板を巧みにカットしたインダストリアルなものであったが、丹下は「玉串の紙型にも似て、日本の古代を思わせる」と高く評価していた(『美術手帳』一九五五年五月)。

その後、都庁舎のインテリア・デザインを検討した際、丹下はペリアンのデザインしたテーブルや棚を知事室に用いている。丹下はペリアンの家具のボリュームがコンクリート打放しの

都庁舎のボリュームに対抗できている、と考えていた。ここでいう「ボリューム」とは、質感などを含めた存在感全体を指すと考えられ、家具と建築はそもそも大きさがまったく異なるが、ペリアンの家具と丹下の都庁舎が存在感において拮抗していたのである。

一方、岡本太郎は、丹下から都庁舎ピロティの巨大な壁面に陶板を設置してほしいと依頼されている。当時の岡本の考えでは、日本の建築家にとって芸術作品は単なる装飾であり、建築の余白を埋める一要素でしかなかった。つまり、岡本自身の陶板も平凡なアクセサリーに成り下がってしまう危険性をはらんでいた。

岡本は、これを打ち破るべく、丹下との協働を以下のように位置づけている。

「建築と芸術の本質的な協力は、相互の異質の徹底的な自己主張による激しいディスカッション、問題のぶつけ合いによって、新しい次元をひらくことだ。（中略）壁画が安易に建築に調和するのではなく、むしろそれをひっくり返すものとして入る。つまり建築にほとんど必要的にそなわった合理性、機能性に対し、人間本来の混沌、非合理性を強烈につきつける。それによってかえって建築全体の本質的な生活空間、居住性がうち出される。」（『新建築』一九五八年六月号）

岡本にとって芸術とは、建築に従属する装飾ではなく、混沌を秘めたものであり、建築の普遍的な合理性と対立的に秩序づけられるものであった。岡本の芸術に対する熱い思いは東京都庁舎ピロティのカラフルな陶板に反映されたが、公共空間には不釣り合いだと批判する者もいた。しかし、丹下は建築、絵画、彫刻という諸芸術の総合が公共の場で必要だと確信していたため、そうした批判には耳を貸さなかった。丹下にとって、岡本とのコラボレーションは対立を含んだ統一であり、加算ではなく積分された総合(インテグレイション)となることを期待していた。

ガラスをめぐる不安感

岡本による陶板への酷評にとどまらず、丹下の設計した都庁舎も竣工前から厳しい批判にさらされた。例えば、ピロティそのものが庁舎建築には贅沢ではないか、外周に壁がない建物は地震に弱いのではないか、総ガラス張りの庁舎は夏に暑く冬に寒いのではないか、総ガラス張りは災害時に危ないのではないか、といった批判である。

丹下はこれらに一つひとつ丁寧に応答し、一つ目のピロティが無駄という批判に対しては、ピロティが地表面を社会的利用に解放するものであり、戦前のように私的な専用の立場から公共建築を判断する時代ではない、と反論している。二つ目の外周に壁がない構造設計について、丹下はエレベーターや階段室を包むコア部分を建物中心部に集め、その周囲を耐力壁で囲んでおり、ちょうど、樹木の幹がしっかり立っているように、都庁舎もしっかり立っている、と説明している。このため、建物外周部の柱は比較的細いもので地震に対応できる、と強調した。

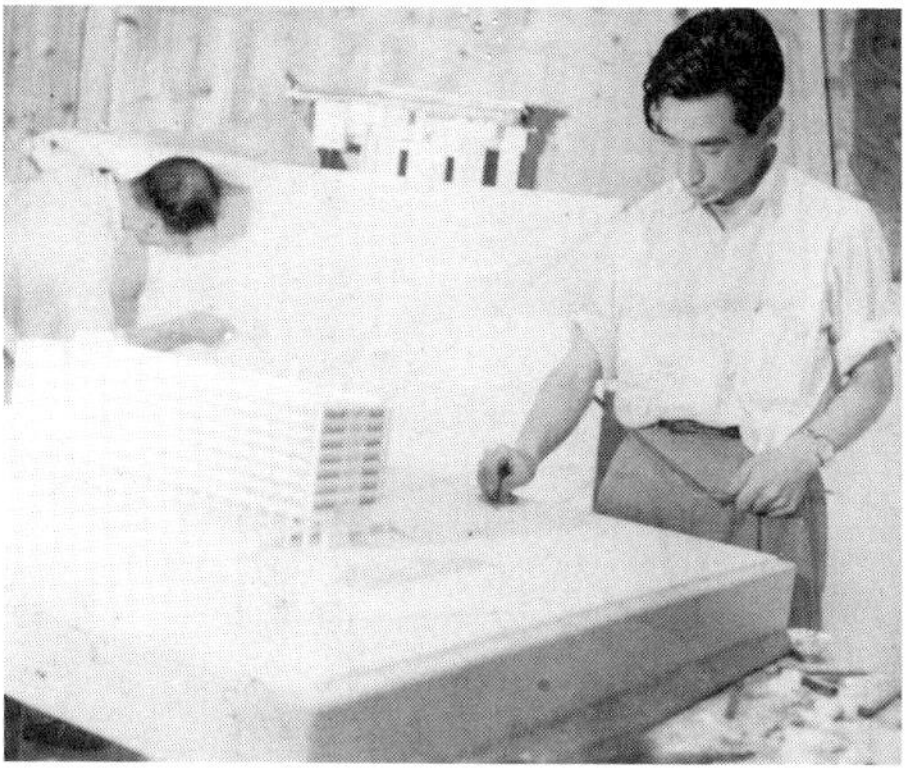
都庁舎の模型で検討する丹下．Ⓤ

三つ目の総ガラス張りの庁舎の熱損失について、丹下は外周部にバルコニーとルーバーが設けられていて、各々の季節の日射角度に基づいて熱計算をしており、最小限の冷暖房費で済むように設計した、と説明している。四つ目のガラスの危険性について、バルコニーを設置することで、火災時には上階への延焼が防止され、地震時のガラスの飛散も緩和できる、とした。

当時、東京丸の内一帯のオフィス群は一九世紀的な折衷主義建築の名残に過ぎない建築で埋め尽くされていた。そのなかに、鉄とガラスを駆使して幾何学的な均衡を追求した高層オフィスが突如として現れたのである。このことに、建築関係者のみならず一般市民が驚き、心理的抵抗を示したものと推測される。都庁舎の竣工後、丹下は『新建築』誌上で次のように総括している。

私たちはこの都庁舎の建築が、日本の現代建築の正しいあり方を示している、などとは思っていない。日本の現代建築はもっともっと発展しつづけるだろう。しかし一般の市民に、いままではこれが当たり前だと思われていた建築が、決して当たり前ではなかった、ということ、日本の現代建築はその折衷主義の建築の旧い殻をぬぎすてて、全く新しい出発をしているのだろうということを、知ってもらうのに、幾分か役立っただろうと思っている。

「都庁舎の経験」一九五八年

その後の丸の内エリアの発展を見れば、丹下の予言が正しかったことが理解できる。そして、この都庁舎の試みは、合理的な建築の追求のみならず、都心に集う市民がシェアする公共空間のプロトタイプを目指していた。これらを鑑みるに、建築に込められた思想の点で、都庁舎は二一世紀のどの超高層ビルをも凌ぐ画期的な建築であった、と評価できる。

鉄錆問題

都庁舎の竣工後、想定された収容人員をオーバーし、人口過密なオフィスとして批判されたが、それ以上に丹下を悩ませたのが、ルーバーの錆の問題であった。都庁舎の外周を覆うルーバーは鉄製であったが、これは薄い鉄板を折り曲げて空洞の箱を作り、それらを溶接してバルコニーの先端に取り付けていた。その際、表面のベコつき、溶接による歪み、仕上げの不手際などから水抜きが徹底されず、防錆塗膜のない部分から錆が発生した。

丹下の建築はそれまで、ディテールがない、質感に乏しい、と批判されてきた。つまり、周辺環境と建築の関係や、建築そのもののプロポーションは抜群であったが、それを構成するガラスや鉄といった素材の扱いに力が注がれていないことへの指摘であった。この問題について、都庁舎の監理を担当した大谷幸夫は、戦後日本の建築産業水準が著しく低く、丹下が期待する造形を実現することが難しかった、と述懐している。

さきに触れたとおり、丹下の師にあたる前川國男やその周辺では、テクニカル・アプローチと呼ばれる方法が唱えられていた。無骨でみっともないプロポーションであろうとも、日本の産業水準に呼応した材料で建築を作ることを推奨した。この背景には、日本は欧米から近代建築を形として移入しているに過ぎず、近代建築を実現する基盤を欠いている、という時代認識が共有されていたことが挙げられる。テクニカル・アプローチを推奨する側から丹下の都庁舎を見ると、戦後日本の現実を顧みず、一足跳びに美しい近代建築を実現させた結果、ルーバーから錆が出たのは、文字どおり「身から出た錆」であった。つまり、下部構造に裏打ちされない戦後日本の近代建築の短所が、都庁舎の外装にストレートに浮かび上がったのである。

総じて、丹下が一九五〇年代の国土と都市、とくに首都である東京を統計数学の視点から把握し、近代都市特有の人口動態に即した都市建築のプロトタイプを生み出したことは高く評価できよう。しかし、戦後日本の建築産業の基盤は決して盤石ではなく、建築家の構想力が下部構造の可能性を引き出すには、一九六四年の国立屋内総合競技場まで待たねばならなかったのである。

3　地方自治と民主主義のプロトタイプ——香川県庁舎

建築の伝統と近代主義

広島平和記念公園が竣工した一九五〇年代前半、世界各国で建築の伝統と近代主義の関係が取沙汰されていた。そもそも近代建築は合理性や機能主義を標榜し、過去の様式を排除しながら西欧各国で発展してきた。ロシア・アバンギャルドと呼ばれる革命的な建築家たちも近代建築の発展に大いに寄与したが、一九三〇年代以降、ソ連の表舞台から消えてしまう。彼らの先鋭的なデザインに代わって、モスクワではスターリンの指導のもと、人民のための宮殿として新古典主義的な高層ビルが建設されたのである。この動きは左翼を自認する建築家たちのなかで議論の的となっていた。

ハンガリーの批評家ヨージェフ・レーヴァイは、歴史的要素を切り捨てた近代建築は反人間的であり、富裕層のための快楽的な建築に堕落しがちだと批判する。一方の古典回帰的なスターリン建築に対しては、権力表現とみなして距離を置いた。レーヴァイが着目したのは、ハンガリーの歴史に根ざし、「進歩的伝統」に即した、人間に奉仕する建築であった。言い換えれば、各々の国の風土や社会背景を踏まえつつ、裕福でない民衆が自分自身の建築とみなせる近代建築、現代の民衆の感情を表白する近代建築の出現を期待していたのである。

戦前の日本においても、民衆の実態に即した建築のあり方には注目が集まっていた。その代表例が集合住宅研究であり、勤労者の住まい方をつぶさに調査し、類型化する方法が編み出された。この成果は、戦後の公団住宅の間取りにも大きな影響を及ぼし、二一世紀の日本のマンションのあり方を決めている。この調査研究を得意としたのが京都大学建築学科教授の西山夘《う》三《ぞう》で、黒川紀章の学部時代の師であった。

丹下は西山の客観的な分析方法を「外的リアリティ」と位置づけ、自らの方法を「内的リアリティ」と命名していた。丹下によれば、建築家は自らの内面で素晴らしいと確信できるものを建築にすることが重要であり、それがなければ「外的リアリティ」も台無しになる、と酷評する。また、丹下は現実の桂離宮を訪れてもまったく感動できず、むしろ過剰な装飾に嫌悪感さえ抱いたが、その場を離れて心の中で桂を反芻すると、生きもののように桂が自らの内面で成長している、と記している。

> わたくしの内側に生きていた、わたくしの内側に成長している桂や竜安寺には絶対的な暗さも、淫蕩の陽気さもないのである。何か緊張した空間と、比例が、生きもののように尚まだ生きているのを感じるのである。（中略）伝統のこともそれを内的リアリティとしてみなければ不毛なのである。といって伝統のことを、内部にある血液のようなものに還元してしまうことは決してない。わたくしのいう内的リアリティとは、創造の方法、技術の表現が媒介して、内側に独自に存在し、生成しているリアリティである。それは

外部の実在と無関係ではないが、しかし単なるものの反映であるのでもない。むしろ、内的リアリティを媒介することなしには、外的リアリティの創造もありえないといったようなものである。

「グロピウスの残した余韻」一九五六年

丹下が撮影した桂離宮. Ⓤ

丹下の内面で成長しつづける古典建築の比例とは、広島平和記念公園陳列館では伊勢として現れ、本館では桂として現れた。また都庁舎では京都御所が丹下の脳裏にちらつき、檜皮葺《ひわだぶき》の大きな屋根、垂木《たるき》の組物とそれを支える列柱がイメージされていた、と告白している。

丹下はこうした議論を繰り返すなかで、いくら外的リアリティに基づいて機能的な集合住宅を作っても、醜いかぎり、すぐに打ち捨てられてしまい、期待された機能を果たせない、という考えに至った。つまり、美しい建築でなければ長く使われることはなく、この点で、「美しきもののみ機能的である」という極論を導き出したのである。

木造とコンクリート造

日本の建築の伝統を踏まえて近代建築を作ろうとすると、どうしても避けて通れないのが木造とコンクリート造の違いであった。ここでは、木造とコンクリート造の違いをプロポーションと施工技術の二点から整理してみたい。

まずプロポーションについて、日本にコンクリート造建築が普及しはじめたのは一九二三年の関東大震災以降であった。震災後、日本に建てられるコンクリート造建築には耐震性能が求められ、西洋のそれに比して柱と梁が太くなり、外周に壁が多く配置されてきた。この結果、昭和初期に耐震性能を重視して建てられた建築の多くは、柱と梁が剥き出しで、不格好な壁がその間を埋めてしまい、スレンダーな外観とはほど遠かった。このため、日本で近代建築を実現したいと願う建築家たちは、外壁の内側に柱と梁を納めてフラットな外観とし、白タイルや白い塗装で覆い、ぽつ窓を空ける手法を好んで採用した。一九三〇年代、この手法で建てられた白い外観のモダンな建築は多くの建築学生を魅了していた。

これに対して丹下は、表面上の平滑さと白さを追い求める建築など「衛生陶器」に過ぎないと切り捨て、自ら設計する建築において柱と梁をあえて剝き出しに、力動感を前面に押し出そうとする。これは近代建築を標榜する建築家としてはレアな選択であった。丹下は、耐震を担う壁をできるかぎり建物中央に引き込むことで、建物の外周部の柱と梁の比例を比較的自由に操れるようになった。この時、丹下が根拠にしたのが、さきに触れた内的リアリティであり、伝統建築に息づく比例関係であった。

また、丹下の内的リアリティを率直に伝統建築から取り出してみせたのが写真家・石元泰博が撮影した桂離宮であった。石元の桂は、むくり屋根をトリミングすることで、障子と縁側の水平垂直の構図の中に近代的な均衡が眠っていたことを示した。丹下は、当時まだ駆り出しに過ぎなかった石元の写真を見て、世界に発信することを提案する。この結果、丹下は写真集『ＫＡＴＳＵＲＡ』をプロデュースし、一九六〇年にアメリカでの出版にこぎつけている。

次いで施工技術について、丹下の建築がコンクリート造にもかかわらず木造のように見えるのは、第一に模型制作を指物大工に依頼した点が挙げられる。というのも、実際の建築はさまざまなパーツで組み上がるが、大工が模型を制作する際に組立て手順が吟味され、各パーツの分節と接合方法が明瞭になっていた。第二に、コンクリートは型枠に流し込んで形を成すが、型枠の精度を高くし、流し込んだコンクリート内の気泡をていねいに除去するほど、打放しコンクリートの表面が美しく仕上がる。香川県庁舎の打放しコンクリートが今もなお美しいのは、施工現場で作業員たちが竹竿を用いて気泡をていねいに抜いたこと、さらに型枠を製作したのが宮大工で、宮大工の施工精度がコンクリートの表面に転写されたことも大きく寄与している。

丹下が撮影した香川県庁舎 Ⓤ

丹下モデュロールの功罪

広島計画以降、丹下は研究室内で設計活動を進めるにあたって、スタッフに「丹下モデュロール」の使用を義務づけていた。このモデュロールの発想はコルビュジエに端を発し、ヒューマンスケールや身体の比例に呼応した建築を作るための尺度であった。例えば、広島平和記念公園では二組の数列を丹下モデュロールとして設定しているが、大まかなデザインが決まった段階で、柱や梁の見附寸法を数列中から選択し、平面・立面・断面の寸法を決めていった。この数列は都庁舎、香川県庁舎で各々異なり、作品ごとに使い勝手の良い数字に進化させている。丹下モデュロールはチームで設計する際の共通言語となり、各作品の質を維持するのに大きく貢献した。

一方で、県庁舎のインテリア・デザインについて、丹下は剣持勇《けんもちいさむ》と協働して知事室の家具を設《しつら》えているが、丹下は剣持に対しても丹下モデュロールの徹底を要求した。そもそも身体スケールに調和するためにモデュロールは用いられるが、丹下モデュロールは都市と建築をつなぐ手法で調整されたため、小さい数値は洗練された家具やこなれた手すりをデザインするには不向きであった。例えば、香川県庁舎の立面図を描いた際、低層棟下ピロティに階段の手すりが現れるが、これは丹下モデュロールに従ってデザインされた。遠方から庁舎を捉えた際、丹下モデュロールに沿った手すりは建物全体と調和しているが、実際に目の前で手すりを握ると非常にごついものになった。

建築のコアとオフィス空間の進化

香川県庁舎は都庁舎に比して建築のコアが飛躍的に進化している。というのも、都庁舎中央部のコアはエレベーターや階段、トイレ、空調ダクトなど、さまざまな要素が詰め込められたが、耐震壁がそれを取り巻いたため、オフィス(専用部)用空調ダクトが取り出しにくく、廊下(共用部)の天井高さを押し下げてしまっていた。こうした都庁舎の現場監理で苦労したポイントが香川県庁舎の設計にフィードバックされ、階段、エレベーター、給気ダクト、排気ダクトが明瞭に配置された。

オフィス内の使い勝手から見ると、都庁舎で用いた丹下モデュロールにはミリ単位の端数が付き、オフィス空間のレイアウトが非常に煩雑であった。これに比して香川県庁舎では、三〇〇、六〇〇、九〇〇、一五〇〇、……といったわかりやすい数列が設定され、オフィス内部に自由にパーテーションを設けられるよう、大梁と小梁の高さを合わせることにした。この結果、この小梁をベランダの先端まで延ばすアイデアが提示され、これまでにない賑やかな外観が実現することになった。

さらに、都庁の外観では鉄製のルーバーを積極的に用いたが、施工の難しさや錆の問題を鑑み、香川県庁舎では軒の深いバルコニーが設けられ、スチールサッシュ部分に雨が直接当たらないように工夫された。このため、竣工後半世紀を経てもなお、香川県庁舎のサッシュは現役であり、風土に適応したオフィスであったと評価できる。

この建物の寿命を延ばしたもう一つの理由として、徹底した清掃とメンテナンスが挙げられる。この県庁舎を丹下に発注した金子正則・香川県知事は、戦争で夫を亡くした女性たちを積極的に雇用し、県庁舎の清掃に当たらせた。このおかげで庁舎内はいつも清潔に保たれ、県庁職員の労働意欲が維持された。

民主主義のための市民開放

香川県庁舎を初めて訪れた者を驚かすのは南庭と一体化したピロティ空間であろう。都市のコアに市民の集うピロティを設けるコンセプトは広島平和記念公園や都庁舎にも共通するが、市民同士の穏やかなコミュニケーションを図る場としては最も完成度の高い空間に仕上がった。

というのも、香川県庁舎は八層のオフィス棟(高層棟)と南北に長く伸びる議会棟(低層棟)からなるが、高層棟一階のホール、低層棟のピロティ、築山が巧みに配された南庭が一体的に計画され、文字どおり市民に開かれた都市のコアを具現化している。さらに、高層棟一階のホール壁に据えられた芸術家・猪熊弦一郎の陶板は、近代建築と芸術が見事に融合し、都市のコアを彩る稀有な事例であった。

この県庁舎が研究室内で計画された際、丹下の右腕であった浅田孝は、南庭の図面を書き込みながら、このピロティ空間と南庭には労働者の赤旗が林立するんだぞ、とアジ演説をぶっていた。しかし、実際に県庁舎を訪れた市民のお目当ては、ピロティと南庭のみならず、眺望を楽しめる屋上空間であった。設計当初、屋上は一般解放される予定ではなかったが、金子知事

市民に開放された香川県庁舎屋上. Ⓤ

のたっての希望で開放されることになった。そこで、屋上に三角状の大きなテントを張って、魅力的な日陰を作り、市民の憩いの場を演出している。当時、県庁舎の周りには八層のビルなどなく、屋上からは瀬戸内海の大パノラマを楽しむことができた。

一九五八年に竣工した香川県庁舎は丹下の五〇年代を総括する建築に位置づけられ、コンクリート造による柱梁表現の極点を示すことに成功した。建築の伝統と近代主義という難題に対する丹下なりの回答としても位置づけ可能である。一方で、香川県庁舎は戦後民主主義を象徴する庁舎建築として称賛され、他県の県庁舎のプロトタイプとしてたびたび参照されてきた点も特筆に値する。

第2章

高度成長のシンボルをつくる

——東京オリンピックと大阪万博

1　情報化社会に向けて

日本住宅公団の湾岸開発

一九五〇年代、東京の人口が年間三〇万人のペースで増えつづけ、政府は勤労者の住宅を大量供給する必要に迫られていた。この難問に対応すべく、一九五五年、日本住宅公団が創設され、快適であると同時に、集団生活が可能な不燃性の住宅団地の造成を推し進めることになった。初代総裁には加納久朗《ひさあきら》が選ばれた。

日本住宅公団では都心までの通勤時間を鑑み、例えば中央線沿線では立川までを通勤圏と設定し、用地買収の計画を練ったが、思うように進まなかった。というのも、通勤圏内に集合住宅を建設できるだけの空地が見当たらず、複数の地権者の合意を取り付けることが極めて困難だったからである。

このため、加納総裁は内陸方向のみならず、東京湾岸に向かって用地を確保する戦略を練り、水面埋立事業を日本住宅公団の業務範囲に組み込もうとした。もともと、加納は上総国（現在の千葉県）一宮藩主の末裔で、晩年は千葉県知事にも就任している。印旛沼や利根川の治水工事は上総国以来の重要なインフラ工事であった。このため、加納はお家芸とも呼べる埋立に注目し、いくつもの案を打ち出した。加納による五〇年代末の東京湾埋立構想と経緯は『東京湾二億坪埋立計画』の中にまとめられている。

丹下は加納の計画を察知しつつ、一九五九年秋から半年間、マサチューセッツ工科大学（MIT）で客員教授を務めるために渡米した。その間、丹下は研究室内で東京の「量」に関する以下七点の調査を行うよう指示している。すなわち、

①都内建築総量（昭和二八年、昭和三三年両年度の時点での用途別、構造別、各区別の累積量、および評価額など）
②住宅建設の現況（所有別、公私別、区別、および各年度別総量など）
③交通量の実態（路面交通、国有、私有、軌道交通等の各点交通量、系統別輸送量、および交通量等は都バス、都電等も含めてマッピング）
④土地の用途別構成（私道を含めて区別に整理）
⑤人口構成の研究（昭和三〇年就業労働力調査を用いて整理）
⑥住宅の有効需要

⑦人口の地域間移動（経済企画庁白書などを活用し整理）
などが検討された。これらのデータは、丹下研究室の各々のメンバーの卒業論文、修士論文として仕上げられたが、今日の眼から見れば、東京のメガデータに該当する。丹下が東京の未来を構想する際、芸術家としての感性のみならず、科学者として都市の動きを客観的に把握する科学的な知を重視したことの現れといえよう。

東京計画1960

ＭＩＴからの帰国後、丹下は東京の量に関する研究を踏まえながら東京湾上の都市開発構想を練り上げる。そして一九六一年元旦、ＮＨＫのテレビ放送を通じて「東京計画１９６０」を全国に発信した。

丹下は脊椎動物の胚から脊椎が発生する過程に触発され、東京から木更津に向けて二本平行の高速道路を設定した。この高速道路はサイクルトランスポーテーション・システムと呼ばれ、これに直交するように東京湾上に枝状の道路が延び、その先に複数の住居棟が配置される算段であった。

丹下が東京計画１９６０を構想した背景には二つの側面があった。一つ目の側面として、旧来の官僚組織や先行案への批判が挙げられる。丹下は、東京都都市建設委員会、首都高速道路公団、加納案に不満を持ち、東京都が推し進める人口分散的な衛星都市モデルは思想が古すぎて経済発展を阻害している、と感じていた。また首都高速道路公団は建築との関係をまったく顧みない点で盲目的な組織であった。

東京計画 1960．丹下都市建築設計提供

さらに、丹下の眼から見て、加納案にはマスタープランがなく、利益優先の不動産業者が場当たり的な埋立開発をするのがオチであった。丹下はＭＩＴでの設計課題として“new community on the bay”を出題し、ボストン湾上に高速道路と五〇〇〇人規模の集合住宅の複合体を計画させている。これはアメリカの学生らに新しい海上都市の雛形を模索させるため、と考えられる。

二つ目の側面として、丹下自身が自ら構築した都市モデルに変更が迫られていた点が挙げられる。一九五〇年代、丹下は東京都心への人口集中は経済復興のためには必要である、という立場をとった。そして、人口集中が極点に達する都心・有楽町において諸矛盾を止揚する公共建築のプロトタイプを生み出そうと努力してきた。また、それを裏付けるべく、同心円の統計モデルを作り、東京都心からの距離で人口動態を把握しようとした。

しかし、一九五〇年代後半に入ると、人口集中が有楽町をピークに峰を作るのではなく、新宿、池袋、渋谷、品川、上野といった山手線の乗換駅をピークとして台地のように隆起していることが明らかになってきた。国鉄(現在のJR)の乗換えのみならず、地下鉄やバス、都電が複雑に絡み合い、山手線の拠点駅周辺の人口過密問題が有楽町以外でも激化するようになった。つまり、インフラの未発達が経済発展のスピードを押しとどめ、都市の成長を阻害していた。そこで丹下は、従来の同心円モデルを見直し、過度な人口流入に耐え、計画的な発展を可能にする線型モデルに注目したのである。東京計画1960は線型モデルにもとづく都市構想であった。

東京計画1960は霞が関や国会の中でも議論を呼んだが、一方でこれを実現する時間とコストについて強い疑問が呈された。これに対して丹下は、建築家の提案にはその日から実現するものと、そのままの形では実現しないが、人々の注意を呼びさますものとがある、と応答する。そして、後者に属する東京計画1960が、東京の都市問題の考え方や解決策を具体化する際に、多方面で発展しうるのではないか、と述べている。

東海道メガロポリス

東京計画１９６０で唱えられた線型モデル都市は、のちに東海道メガロポリスに発展してゆく。

一九六四年一一月、丹下は雑誌『中央公論』の中で東海道メガロポリス構想を発表し、これからの日本は国土全体がエネルギー的連結と情報的連結という二つの連結によって統合される、と強調した。また、今後数十年内に公共投資が激増することが見込まれ、とくに東京・名古屋・大阪を結ぶエリアの発展に期待を寄せている。かつてこのエリアは太平洋ベルトと呼ばれ、日本の製造業の拠点が集積する地域であったが、丹下はここを東海道メガロポリスと命名し直した。丹下によれば、新幹線や高速道路の出現で、東京を拠点とするサラリーマンは日帰りで大阪出張をこなせるようになり、首都圏・中京圏・関西圏といった戦前からの圏域を超える経済圏が発生し、国土が有機的に統合される、と予測した。

そもそもメガロポリスとは、フランスの地理学者ジャン・ゴットマンの提唱した都市概念で

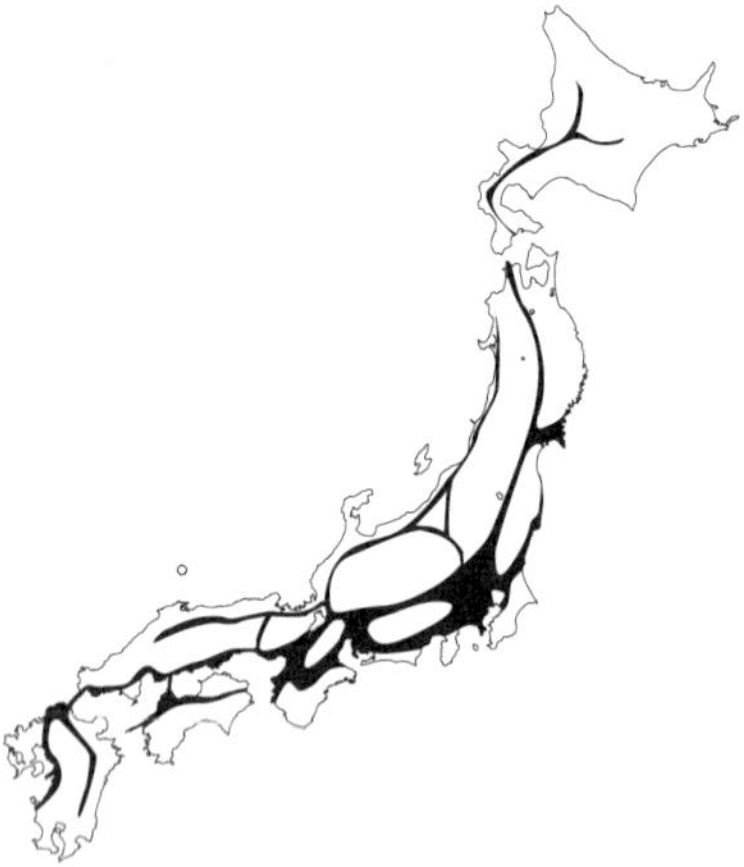

東海道メガロポリス．丹下都市建築設計提供

ある。これは旧来の大都市の指標であるメトロポリスとは異なり、交通機関の発達により複数の都市域があたかも一体化したように連帯する現象を指す。具体的には、アメリカ東海岸の国道一号線沿いの五〇〇マイルの間には、ボストン、ニューヨーク、フィラデルフィアなどの一〇〇万都市を中心に、多数の都市が列をなし、アメリカの総人口の四分の一を占める、という特異な状況が生じていた。これを説明する概念としてメガロポリスが充てられたのである。丹下はこれを日本の東海道に応用し、これからの国土計画の指針とすべきではないか、と説いた。

東京計画１９６０と東海道メガロポリスの類似点は二つ挙げられる。一つ目として、インフラ整備の側面である。前者は東京と木更津を結ぶ軸線を設け、東京への人口集中と経済発展を許容するインフラ整備であった。後者は東京を中心に据えたまま、木更津へ延びる軸線を時計回りに回転させ、東京から大阪・博多へ伸びる巨大な帯へ設定し直し、太平洋沿岸の既存製造拠点をひと括りに捉えようとする。

二つ目として、情報化社会への言及である。丹下は東京計画１９６０の解説文の中で、一〇〇〇万都市・東京のオーガニゼーションを有機的生命たらしめるものは、本質的にはコミュニケーションであり、一〇〇〇万都市は、コミュニケーション手段によって結ばれている一つの開かれた組織である、とした。そして丹下は、技術がいかに発展しても、人と人、人と機能、人と物とが直接出会う必要性がますます増えるため、都市への人口集中には必然性がある、とした。

さらに丹下は、東海道メガロポリスの解説文の中で、サイバネティクスの創始者ノーバート・ウィーナーの「コミュニケーションは社会のセメントなのである」という言葉を引きながら、技術の飛躍的発展とインフラの整備によって、個々人が自由で流動的な結合関係を生み出し、開かれた組織を形成しつつある、と予見した。これと同時に、丹下は高い経済成長を持続させるには、バラマキではなく、生産性の高い東海道地域への集中投資が不可欠であると考えていた。

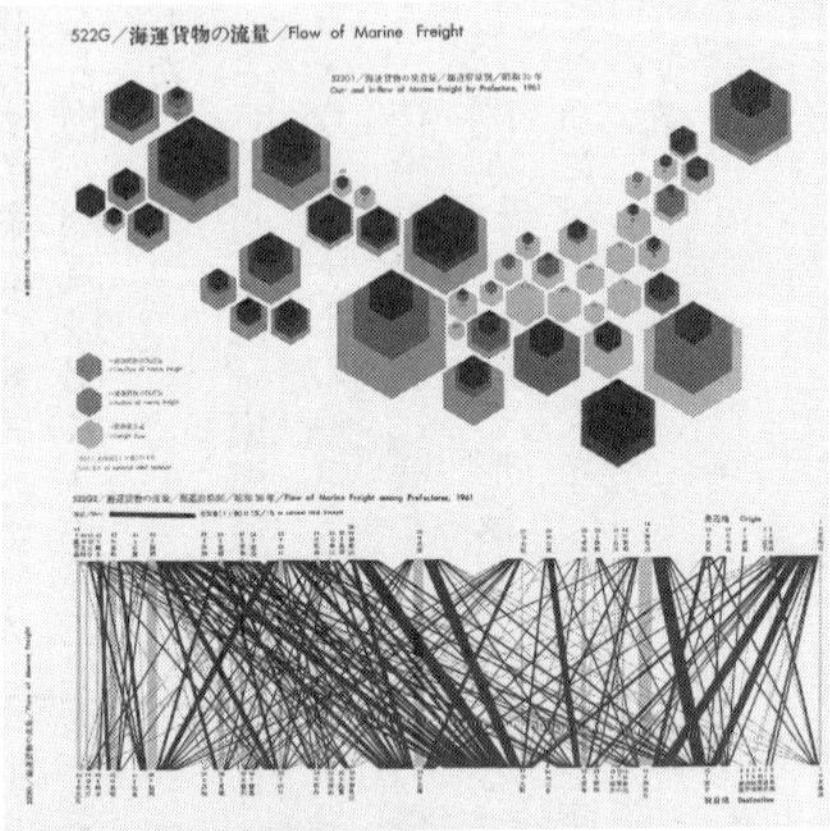

美しく図化された国土開発地図.『日本列島の地域構造・図集』より

国土情報の図化

丹下は、東京計画1960や東海道メガロポリスを提案するかたわら、新しい時代の都市デザインを担う人材を育成すべく、東大工学部の中に諸学を統合した都市工学科を作ろうと奔走する。新学科創設は高山英華らとの共同作業であったが、丹下はアメリカのロックフェラー財団にまで直接出向き、協力を仰いでいる。

また、丹下は国土開発や都市デザインに関係する産官学のプロフェッショナルが集う組織として、地域開発センターの設立にも尽力している。地域開発センターでの研究活動の一環として、丹下はかねてより親交のあった地理学者・木内信蔵と共に国土開発地図の開発に乗り出し、『日本列島の地域構造・図集』(一九六七年)をまとめている。

ここで、この国土開発地図の注目点を三つ挙げてみたい。一つ目として、日本で最初の包括的な国土開発地図であった。二つ目は地図の製作工程にあり、テーマ選択、情報収集、最適なアウトプットの分担が明快に行われた。具体的には、都市計画や地理学のみならず、さまざまな分野の専門家によって何のテーマを地図化すべきかが議論された。それに基づき、丹下研究室のメンバーが統計データを取りまとめ、それを受け取った編集者がグラフィック・デザイナーらと共に図化方法を検討して、美しく仕上げている。三つ目として、地図製作の途中経過がさまざまな専門家の集う場で披露され、エコノミストで、のちに外務大臣を務めた大来佐武郎《おおきたさぶろう》や人口学者の浜英彦といった、さまざまな分野の第一人者が批評を加える場が用意された点にある。こうした協働作業によって、はじめて出版に耐える客観性を持った国土開発地図が完成する。

一九六〇年代に入り、丹下は国土開発に資する人材を育成する都市工学科を立ち上げ、国土開発に関連するプロの集う地域開発センターを組織し、その成果を国土開発地図として可視化した。さまざまな分野のプロが集う中で、丹下は歴とした建築家であったが、異分野のプロのための共通言語を作る役割に徹していた点で特異であった。つまり、他の業種から見て建築家のイメージは、どこか文化人気取りで、理解しがたい詩的な言葉で聴衆をけむに巻き、大胆な造形と称して粗大ゴミのような建築を量産する不逞の輩であった。丹下はそのイメージを払拭し、異分野の人々のコミュニケーションを促進するプラットフォームの構築に力を注いだ点で高く評価される。

情報化社会にふさわしい建築モデルの創出

一九六〇年代、丹下研究室では情報化社会に呼応した都市や国土のあり方が検討されたが、建築そのものを流れとして把握する手法が検討された。例えば、東京都からの依頼で、丹下は自ら設計した都庁舎のフロアごとの人の密度、フロア間の人の移動密度、そして各部局間の往来人数、といった指標を可視化している。当時、庁舎内には一〇〇をこえる部局が存在したが、相互の部局間の人の移動を電子回路ならぬ「事務回路」として捉え、建築そのものを情報の流れとして把握しようとしている。

また、流れを重視した建築の発想は三次元都市構想に発展してゆく。一九五〇年代まで丹下研究室では人口密度が最も高くなる都市のコアに建築のコアを据え、足下をピロティとし、建築のコア周辺に業務床を配置した。しかし、一九六〇年になると、広大な敷地の中に建築のコアをランダムに散在させ、複数本の建築のコアを結ぶように業務床を張っていった。この発想は分散コアと称され、コアの一部は剥き出しとなって人や物の上下動を可視化し、三次元的な立体格子（ジャングルジム）を構成することになる。この発想を最もクリアに実現している建築が山梨文化会館（一九六六年竣工）である。

丹下は建築スケールの空間とコミュニケーションの関係を以下のように叙述している。

山梨文化会館

空間のなかでコミュニケーションがどのように行われ、どう流れるかということをかたちづけてゆく作業というのが、建築空間や都市空間の構造をつくることであると思います。今まで抽象的に、空間というのは住むところであるとか、働くところであるとかいっていましたが、そうしたスタティックなパターンだけからは空間を規定することはできない。空間を規定する決め手となるのは、人間や物のモビリティやフローであり、人間の視覚であるということです。

「設計の経験」一九七〇年

一九五〇年代に都市全体の人口動態に注目した丹下からすれば、一九六〇年代に人間や物のモビリティやフローに重点を置いて建築を設計することは自然なことのようにも見える。しかし、当時の世界的な建築動向から見ても、情報化社会にふさわしい建築と都市を構想する建築家は稀であった。

総じて丹下は、一九五〇年代末から東京計画1960を準備し、同心円モデルから線型モデルへの切り替えを図った。この発想は東海道メガロポリスでも活用され、国土レベルまで拡張された。丹下は自らの気宇壮大な都市・国土のビジョンを旗印として、後続の育成と異分野の専門家の協働を目指し、東大都市工学科と地域開発センターの設立に奔走した。また、これらのビジョンは公共事業の規模拡大と情報化社会の到来を予測して組み立てられたが、山梨文化会館において、分散コアを駆使し、フローやアクティビティを重視した三次元都市のプロトタイプを実現させた。

以上の取組みにより、一九六〇年代の丹下は、社会変化に機敏に反応しながら、建築・都市・国土を有機的に統合し、〈建築の本義〉を具体化しようとした。そして、東京計画1960で幕を開けた六〇年代の丹下の活躍は世界の近代建築を牽引し、次節で詳述する国立屋内総合競技場の完成により、「世界のタンゲ」という称号を得るに至る。

2　象徴の創造——国立屋内総合競技場

幻のスタジアム

一九六四年、第一八回オリンピック東京大会が開催されたことは広く知られているが、その四半世紀前、第一二回オリンピック東京大会が開催前に返上されたことを知る者は少ない。事の発端は、関東大震災から七年後の一九三〇年、東京市長の永田秀次郎が来るべき紀元二六〇〇年の記念事業にオリンピックを招致しようと動き出したことに遡る。紀元二六〇〇年とは、『日本書紀』に記された日本建国の年(紀元)から数えて二六〇〇年の意味で、一九四〇年がそれに該当した。

当初、東京市はメインスタジアム建設候補地として隅田川河口付近の月島埋立地を挙げていた。東京市は震災で発生した瓦礫処理のために埋立地を造成しており、ここで万国博覧会とオリンピックの開催を目論んだ。しかし、海に近い月島は風が強く、競技運営に支障が出るため、招致委員会はメインスタジアムを神宮外苑とし、新たに一二万人収容の競技場を建設するという「招致計画大綱」をまとめた。

駒沢総合運動場.『第 12 回オリンピック東京大会』より

その後、一九三六年七月にベルリンでＩＯＣ総会が開かれ東京への招致が決定した。丹下の師にあたる岸田日出刀は、この直後に開催された第一一回オリンピック・ベルリン大会を視察している。岸田の渡欧の目的は東京大会の施設計画を立てるためであった。岸田は、ベルリンのメインスタジアムが約四〇万坪（約一三〇万平方メートル）の敷地の中に立つのを見て、とても神宮外苑に一〇万人規模のスタジアムは作れないと直感する。ちなみに、日本スポーツ振興センター（ＪＳＣ）の公開資料によると、二〇一五年に撤回された建築家ザハ・ハディドによる新国立競技場の収容人数は約八万人だが、敷地面積は約一一万三〇〇〇平方メートルで、ベルリンの一〇分の一にも満たない。

帰国後、岸田は一九三七年四月一九日付の『帝大新聞』に、「依然外苑案は不可」という論考を寄せている。このなかで岸田は、紀元二六〇〇年に開催されるオリンピックゆえに神宮外苑での開催にこだわる人々に共感しつつも、以下三点の理由から外苑案に難色を示している。

そもそも一〇万人規模のスタジアムを建設するにしては外苑敷地面積が狭隘である。次いでスタジアムが大きくなるとせっかくの神宮外苑の風致を害する。さらに完成して間もない神宮外苑競技場を壊すのは忍びない、というものであった。

岸田は外苑の代案として、三〇万坪の広さを有する代々木の陸軍練兵場（現在の国立屋内総合競技場附近）を想定していた。しかし、皇軍のための練兵場を一六日間のスポーツイベントのために譲り渡すことはできない、と即刻却下された。また、神宮外苑の管理者であった内務省神宮局との調整が不調に終わった。その結果、オリンピック開催まで二年と迫った一九三八年四月、駒沢にメインスタジアムを建設することが決まった。

駒沢のメインスタジアムは常設スタンド六万二〇〇〇人、仮設スタンド四万八〇〇〇人、合計一一万人を収容し、当時、世界最大級のスタジアムとなるはずだった。しかし、一九三七年七月の盧溝橋事件を発端とした日中戦争が泥沼化し、資材調達もままならず、一九三八年七月には大会を返上することが決まった。

国立競技場と水泳競技場

オリンピックを返上して七年後、日本は二度の原爆投下の後に敗戦の日を迎えた。それから一〇年後の一九五五年、建設省はもう一度オリンピックを東京で実現すべく、第三回アジア大会を東京に招致した。この時に神宮外苑に建設されたのが国立競技場(一九五八年竣工、二〇一五年解体)である。竣工当時は五万二〇〇〇人収容のスタジアムであった。その後、一九五九年に第一八回オリンピック東京大会の開催が決定し、施設特別委員会が設けられ、岸田が委員長、高山英華が副委員長を務めた。この委員会は、どのような競技場を、どこに、いつまでに建設すべきかを立案し、組織委員会で議論し、担当建築家を決定する役割を担った。

メインスタジアムとなる国立競技場は、収容人数を一〇万人にまで増やす目標が立てられた。しかし、建設省はさまざまな技術検討を行い、三日月型のスタンドを増設することで七万五〇〇〇人にまで拡張できたものの、一〇万人には及ばなかった。この増設工事の際も、建設省担当者は神宮の景観に細心の注意を払って設計を行っている。

水泳競技場は、メインスタジアムに隣接して配置されるのがそれまでのオリンピック施設の原則であった。しかし、神宮外苑は手狭で、代々木の旧練兵場に水泳競技場を配する案が提示された。当時ここは米軍に接収され、ワシントン・ハイツと呼ばれていた。このため、米軍に対して返還要求を出し、水泳競技場と選手村を建設する運びとなった。

高山の述懐によれば、ワシントン・ハイツが公園となることで、東京都の公園面積が二〇パーセント増大し、都心の貴重なオアシスが確保されるはずであった。しかし、ワシントン・ハイツ返還に乗じて、NHKがこの公園の一角に三万坪の敷地を使って放送センターを作ってしまい、岸田らを憤激させている。

また、サッカー、バレーボール、ホッケーなどの諸競技の施設は、第一二回のメインスタジアム建設予定地だった駒沢公園内に建設され、柔道場は日本武道館が北の丸に建設された。とくに駒沢は、高山が公園全体の配置計画を立案したが、約四万人の観客を円滑に輸送する問題が大きなテーマとなった。総じて施設計画は岸田の指導のもと、高山らが全体計画を立案し、各建築家が諸施設のデザインを担った。この際、日本武道館のようにコンペを経て建築家が指名された施設もあれば、岸田の強い推薦で設計者が決まった施設もあった。

これについて、岸田は次のように述べている。「オリンピックの競技場その他の諸施設は数多いが、それらの担当建築家をだれにするかということで、わたしたちはたいへん苦労した。建築界の一部に、この人選に対してその不明朗性を指摘して非難する向きもあるやに聞くが、これらの人選に対して、施設特別委員会の委員長であるわたくしがその全責任を負う。」(『新建築』一九六四年一〇月号)

岸田は建築家の能力を見抜く目利きとしての才覚を有し、どの施設にどの建築家を配するべ

岸田日出刀と丹下．Ⓤ

きかをよく理解していた。また、戦前のオリンピック招致の際の経験を活かし、関係省庁との協力のもと、強い指導力を発揮して、オリンピック施設全体の計画を成功に導いた。この点で、オリンピック開催に最も必要な資質である豊かな経験、強いリーダーシップ、トップとしての責任感を備えていたといえよう。

設計者の選定

一九六一年一一月上旬、文部省内に国立屋内総合競技場の設計者を選考する委員会が組織された。その際に文部省内で起案された原議書は、以下のように記されていた。

国立屋内総合競技場については、当該施設建設協議会で作成した基本構想に基づく設計を実施する必要に迫られているが、このことについて本省において、建設省、オリンピック東京大会組織委員会の関係者と数度に亘り協議の結果、当該競技場の設計者については、他の国立の特殊な建造物の設計の例にならい、わが国建築界から、国際的にも認識される優秀な者を選考するための委員会を本省に設置し、委員会の選考に基づき、指名することが妥当であるという結論に達した。

「国立屋内総合競技場建築設計者選考委員会の開催について」一九六一年

この委員会には岸田、高山らの他に、オリンピック東京大会事務総長、各省の局長らが名を連ねている。そして、同年一一月二〇日、設計者として丹下を選出することが決まった。この決定には岸田の意向が強く反映されたと考えられる。また、構造設計者として坪井善勝・東京大学生産技術研究所教授、設備設計者として井上宇一（早稲田大学教授）も同時に選出されている。その後、基本設計の契約は文部省と財団法人建設工学研究会との間で交わされ、建築および総括、構造、設備の各担当者が丹下、坪井、井上となって、検討作業が進められた。

設計者に選出された同月、丹下は株式会社都市・建築設計研究所（ＵＲＴＥＣ）を渋谷区南平《なんぺい》台《だい》に構え、代表取締役に丹下研究室の神谷《かみや》宏治《こうじ》をあてた。丹下の指導のもと、神谷らは設計場所を本郷の東大工学部一号館から南平台に移し、一九六二年五月、ＵＲＴＥＣが国立屋内総合競技場の実施設計を担当することとなった。本来ならば代表取締役は丹下であり、丹下の名前で諸々の公的書類が提出されるべきである。しかし、丹下は当時東大教授で、私企業の代表を務められなかった。このため、一九六二年一〇月、神谷が屋内総合競技場計画通知提出状の代理人に委任されている。

五〇年代のシェルの試み

一九六四年、丹下はオリンピック水泳競技場として国立屋内総合競技場主体育館を、バスケットボール競技場として附属体育館を完成させる。しかし、丹下はそれ以前にも複数の体育館やホール施設を設計してきた。これらの施設はすべてコンクリート造の大空間で、丹下は構造設計を専門とする坪井善勝との協同作業によって実現していった。

丹下が坪井と共に初めて設計した体育館が愛媛県民館(一九五三年竣工)である。この施設は国体施設として計画されたもので、当初は物資不足から既存工場の鉄骨部材を転用する案が有力であった。しかし、人件費を含むトータルの費用を算出した結果、球殻の一部を切り取ったコンクリート造の大屋根が鉄骨造の屋根より安くできることがわかった。

この大屋根の大きさを具体的な数字で表すと、直径五〇メートルの円形アリーナを、半径五

○メートルの球殻で覆う計画であった。大屋根の殻の厚みは端部では七〇センチメートルあったが、頂部では一二センチメートルの厚みとなる。この屋根構造は一般にシェル構造と呼ばれ、極薄のコンクリート造であり、最小の資源で最大限の空間を覆うことができた。しかし、地震国である日本では先行事例に乏しく、構造計算のみならず、施工監理の上でも非常にチャレンジングな作業となった。

愛媛県民館断面模型．竹内申一撮影

次に丹下と坪井が取り組んだ体育館が、駿府会館(一九五七年竣工)であった。この体育館も国体施設として計画されたが、愛媛県民館の素直な球形とは打って変わって、HPシェルと呼ばれる複雑な曲面に挑んでいる。HPシェルとは正方形のハンカチを机に広げて、対角線状の角を二点机に押え、残りの二点を机の上に持ち上げる際に得られる曲面だが、丹下と坪井はこれを一辺五〇メートルの正方形平面の体育館に応用している。

また、丹下と坪井は、今治市公会堂(一九五八年竣工)で折《せっ》板《ばん》構造に挑戦している。「折板」とは、読んで字のごとく、紙を折って壁のように自立させる構造で、屋根部分も壁と同様に折られている。つまり、壁も屋根もジグザグに折れた状態のコンクリート造で、香川県庁舎で試みた水平垂直な柱・梁とはまったく印象の異なる構造であった。なお、今治市公会堂の屋根のスパンは二七メートル程度であった。

一九五〇年代、丹下は坪井と共に多くのコンクリート・シェルに取り組み、その都度、難易度の高い構造に挑戦してきた。この背景には、素早く施工できるものの、材料代の高い鉄骨造に比して、手間暇のかかるコンクリート・シェルの方が安く施工できたことが挙げられる。言い換えれば、一九五〇年代の日本は人件費の安い発展途上国に属し、建設現場で鉄骨造以上にコンクリート・シェルが重宝されてきた。

しかし、コンクリートの打設は天候や季節に左右され、駿府会館では竣工後に室内の梁の一部が客席に落下する事故が発生した。幸い、けが人は出なかったが、工期の短さや、雨天時にコンクリートを打設したことなどが理由として挙げられる。不特定多数の市民が集う大空間をコンクリート造で覆うことは明らかにリスクを伴う。コンクリート・シェルに代わる大空間を覆う手法の開発こそ、一九六〇年代の丹下と坪井の共通の課題となった。

配置、屋根形状、空調設備

ここからは実際に建てられた国立屋内総合競技場に目を向けてみたい。この施設を捉えるに当たっては、さまざまな切り口が設定できるが、ここでは、配置、屋根形状、空調設備の三つから論じてみたい。

一つ目の配置について。この敷地は北側に明治神宮と隣接し、南の渋谷に向けて緩やかに傾斜している。観客の多くは現在のJR原宿駅側から訪れることが予想され、主体育館の収容人数一万一五九三名、附属体育館の三五四五名分を受け入れる必要があった。神谷は丹下研究室内で競技場の検討を始めるに当たって、世界各地から代表的な屋根付き体育館の図面を取り寄せ、分析を行った。その結果、どの競技場も完結した平面形をしており、大地震や火災が発生した場合に、観客が逃げ惑い、将棋倒しになることが予想された。このため、神谷は巴型の平面を発案し、出入口の一つを原宿駅側に向けた。これにより、原宿方面から来た観客はスムーズに主体育館にアプローチし、緊急時もスムーズに避

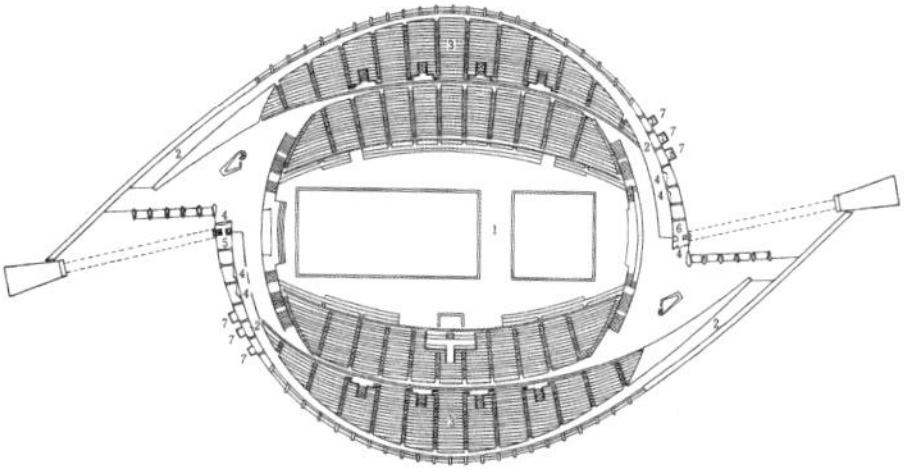

主体育館2階平面図.『建築文化』1965年1月号より

難できる平面とした。また、主体育館の逆側の出入口に附属体育館を配し、二つの体育館が有機的に結ばれるよう計画している。

二つ目の屋根形状について。さきに触れたとおり、国立屋内総合競技場ではコンクリート・シェルで大空間を覆うのではなく、吊り屋根（サスペンション構造）を採用することとした。この屋根は吊り橋の原理を応用したものである。主体育館では一二六メートル離れた二本の柱に鉄製のメインケーブルを渡し、メインケーブルに直交方向に複数のサブケーブルをスタンド端部に向けて渡し、屋根面を鉄板で覆っている。

この吊り屋根の長所として、コンクリートの剝落の心配がないこと、サブケーブルが撓《たわ》むことで体育館内の体積が減って空調がしやすくなることなどが挙げられる。しかし、一〇〇メートルを超えるケーブルを建築の屋根構造に用いるのは前代未聞の取組みであった。さらに、メインケーブルは設計の途中で当初の一本から二本に変更され、メインケーブルの間からトップライトが差し込み、劇的な内部空間が構想された。しかし、屋根の荷重が変化するたびに二本のメインケーブルもサブケーブルも撓む量が変化し、極めて困難な施工が強いられた。これに対して、坪井のもとで構造設計を担当した川口衞《まもる》は、一つひとつの問題をていねいに処理し、発明的なディテールをいくつも編み出すことで、吊り屋根の実現に大きく寄与した。

三つ目の空調設備について。基本設計当初、天井面から空調設備をぶら下げる案が出された。しかし、吊り屋根の天井面の美しさが失われることが懸念され、井上は側壁に設けられた直径一・二メートルの大型ノズル、一六カ所から風を送り、主体育館全体を空調する方式を打ち出した。これにより、観客は着席時に快適な風を受ける設計としたが、座席によっては風があたり過ぎて寒い場所が発生しかねなかった。そこで大型の模型を製作し、実際に主体育館内の気流の分布を検証すると、オリンピック開催中は冷房をせずとも快適に過ごせることが判明した。この方式のメリットは、何よりも側壁の一六カ所の吹き出しで全体の空調を管理できること、メンテナンスが容易なこと、猛暑日を除いて冷房なしの送風状態で快適な室内を実現できること、が挙げられる。

主体育館の２本のメインケーブル

建築家の構想力と下部構造の関係

国立屋内総合競技場はさまざまな技術が投下され

て実現しているが、当時の日本の建設産業のポテンシャルを世界に向けて発信することができた。さきに触れたとおり、丹下は、一九五〇年代に竣工した都庁舎の外装ルーバーに用いた鉄が錆び、香川県庁舎ではコンクリート主体のデザインに切り替えた。しかし、六〇年代に突入して、さまざまな建設材料が調達可能となり、これらを統合することで国立屋内総合競技場を完成させている。

これを支えた人々として、工事現場を取り仕切ったゼネコン技術者や請負企業の技術者が挙げられる。丹下を支えた神谷宏治は当時を振り返り、次のように語っている。「清水建設も大林組もそれぞれゼネコンさんが、非常に優れた人材をここに投入してくれた。僕らは、室橋(正太郎)さんを通して、設計変更、設計変更の連続で、次々に指示書を出すけれど、彼らは「いいものをつくるためには」と一生懸命、協力してくれた。その後、海外の仕事を始めますが、比較してみると、日本はトップとボトムの間の、中間層の技術者の幅が広い。ところが外国の場合は、トップはいても中間層は非常に少ない。日本の中間層の厚みが、この建物を工期内に非常にキチッとした形でつくる力になっている。当時の日本の中間層の厚みが、如実に反映していると思いますね。」(括弧内筆者)

一般に、建築の設計を司る建築家やその設計意図、様式、文法を上部構造とみなす。さらに、施工現場で用いられる材料、機械、それらを調達する流通システム全般を下部構造とみなす。この場合、ゼネコン技術者やその下に結集した請負業者らは中間技術者と呼ぶことができる。神谷は彼らを「中間層」と呼んだ。建築における創造性は上部構造の構想力に起因するとしても、下部構造への理解や「中間層」の協力なしには実現しない。

施工中の主体育館．川口衞提供

例えば、競技場の吊り構造はそもそも橋梁技術であり、鉄板で覆われた屋根面はタンカーに用いる造船技術であった。これら一つひとつを建築に応用するためには、その技術を熟知し、使いこなせる専門技術者の存在が前提となる。また、各請負業者を束ね、期間内に遅滞なく竣工へと導くには、清水建設や大成建設などのゼネコン技術者たちの献身的な努力が欠かせなかった。

一方で、競技場が抱えた施工上の問題を指摘しておくと、当時開発され、市場に出回りはじめた高性能素材で、のちに健康被害が報告され、使用禁止となった素材も国立屋内総合競技場で用いられた。その代表がトムレックスと呼ばれる石綿である。大屋根の鉄板の裏面に吹き付けて、急激な温度変化を緩和するために用いられた。しかし、石綿を吸い込むと心肺に甚大な悪影響があることが報告され、新聞紙面でも頻繁に取り上げられるようになった。これを受けて、二一世紀に入って行われた改修工事では、大屋根裏面の石綿はすべて撤去されている。

象徴としての建築

一九六四年七月、幾多の困難を越えて、国立屋内総合競技場は竣工した。これにより日本の近代建築が意匠・構造・設備を有機的に統合できるだけの水準にあることが世界に示された。

ＩＯＣはオリンピック・ディプロマ・オブ・メリット（功労賞）を丹下に贈った。その際、当時のブランデージＩＯＣ会長は、国立屋内総合競技場が選手たちの力をかき立てて多くの世界記録が生み出されたこと、さらに、ここを訪れた人々や水泳競技を観戦できた人々の記憶の中に国立屋内総合競技場がはっきり刻み込まれたことを指摘した。国立屋内総合競技場が機能を満たす建築にとどまらず、象徴としての建築となって輝きを放ち、競技者、観客、市民に受け入れられた、という賞賛であった。

丹下は「空間と象徴」と題された文章の中で、ブランデージの言葉を引きながら国立屋内総合競技場と東京カテドラル聖マリア大聖堂（一九六四年竣工）を考察し、象徴としての建築が精神世界の問題と深く関わるのではないかと推測している。そして、文末で以下のような問いを立てている。

「現代の技術は、再び人間性を回復しうるであろうか。現代文明は、はたして人間とふれあう通路を発見しうるだろうか。現代建築と都市は、再び人間形成の場たりうるだろうか。」私のささやかな体験は、これにたいして、イエスという答えを与えようとしているのである。しかしそれは、現代技術が、現代精神の象徴を空間形態のなかに創造しえたときにおいてである、といわなければならないだろう。そうして、それに対しても、私はその可能性を信じている。

「空間と象徴」一九六五年

このくだりは、丹下が書き残した文章の中でもとくに難易度の高い箇所の一つとして知られる。しかし、丹下のそれまでの言動や行動から、回復すべき「人間性」とは何かを推し量ると、

左から丹下，坪井善勝，神谷宏治，井上宇一．Ⓤ

たんなる素朴さではなく、退廃した近代社会とは無縁の、ハイデガー流の現存在を指すものと思われる。

次いで「現代の技術」による創造とは、意匠・構造・設備の有機的な統合によって実現するものであろう。坪井善勝や井上宇一といった稀有なエンジニアや神谷宏治らURTECのスタッフとの密な協働作業は、日本の建設産業の可能性を十分に引き出し、「現代精神」を具体化させた、と解釈できる。

さらに「人間形成の場」とは、スポーツに打込む若人が好成績を残して涙するための競技場、という意味ではなく、むしろ、成績至上主義や貨幣万能的な世界観を乗り越え、本来的な人間を生み出す場、を指すのであろう。

かつて西欧社会における教会は、天と地を、彼岸と此岸を結ぶ場としての役割を果たしたが、近代社会において国立屋内総合競技場がその役割を担えるのかが問われていた。極論すれば、国立屋内総合競技場は色欲に塗られた渋谷や原宿とは一線を画し、聖なる場となり、象徴としての建築となりうるか、という問いであった。

丹下はこの問いに対して一九六五年の段階で「イエス」と答えた。しかし、それから一〇年も経たぬうちに、中東のオイルマネーの渦中に飛び込んでいった。象徴としての建築からネオリベラリズム(民間活力と規制緩和)の建築へ。筆者の見方では、両者のミッシングリンクを取り結ぶものとして大阪万博が位置づけられる。これが次節のテーマである。そして、丹下が中東や東南アジアで何を経験し、バブル期の東京に何を還元したのかが次章のテーマとなる。

3　成長の先にある未来像——大阪万博お祭り広場

都市は万博のテーマとなりうるか?

一九六四年秋に東京でオリンピックが開催されていた頃、日本に万国博覧会を招致しようという機運が盛り上がり、大阪に日本万国博覧会(以下、大阪万博)が招致されることとなった。

翌六五年九月には第一回テーマ委員会が開かれ、各界の著名人が大阪万博の統一テーマを決めるために多数参加している。丹下は第二回テーマ委員会から参加し、人間は言葉を使う動物であるということと同じように、都市をつくる動物であると述べ、都市というテーマを組み入れてはどうかと提案している。

これに対して他の委員から、都市という言葉を使うと農村との対比が出てきてしまい、発展途上国が参加しやすいテーマにはならないのではないか、との懸念が出された。その後、さまざまな意見が取り交わされた結果、統一テーマは「人類の進歩と調和」に決まり、丹下が主張した都市という視点はサブテーマに組み入れられる運びとなった。

そのサブテーマとは、統一テーマ「人類の進歩と調和」をより具体化し、実際の展示計画を練る際の指針となるものであった。サブテーマ委員会では、「生命の本性　よりゆたかな生命の充実を」を中心に据え、第一の枝「人間と自然　よりみのりある自然の利用を」、第二の枝「技術　より好ましい生活の設計を」、第三の枝「人間と人間　より深い相互の理解を」を三方に配置した。そして、各枝で第一次・第二次・第三次産業を展示する案が提示された。

しかし、ここでも都市の位置づけに苦労することになった。というのも、都市を「技術　より好ましい生活の設計を」の中で取り扱うと、建設技術や住生活の側面だけがクローズアップされ、あたかも住宅を積層させれば都市になる、といった誤解を与える、と危惧された。丹下にとって都市とは非常にコンプレックスした、有機体化されたものであり、よりポジティブに謳うべきではないか、と強調している。

一方で、会場計画委員会も組織され、京都大学の西山夘三と東大の丹下の両名が会場計画の原案を作成する運びとなった。当時、丹下は「スコピエ都心部再建計画」で多忙を極めたため、西山研究室でアイデアをいくつも提示してもらい、それを叩き台に議論していきたい、と提案している。この「スコピエ都心部再建計画」とは、大地震で被災した旧ユーゴスラビア（現在のマケドニア共和国）の首都スコピエの復興を支援すべく、国連が一九六五年に国際コンペを行い、丹下チームが一等を獲得していたものを指す。

しかし、大阪万博の敷地は大阪・千里の一〇〇万坪の竹やぶに設定されたものの、政府がどの程度の予算を捻出し、どんなものを建てたいのか、といった与条件が全く示されなかった。このため、西山研究室が手探りの状態で会場計画の原案を作り出すこととなった。

未来都市の作り方

丹下と西山は、互いの研究室のメンバーを交えて幾度か合同合宿を開いた。その成果は雑誌『新建築』の一九六六年七月号にまとめられている。両研究室はそこで、万国博の各種の施設の容れ物としての会場計画が、たんなる容れ物としてだけではなく、それ自身が明日の建築の集団のあり方、未来都市の姿につながる一つの重要な出品物とすべきである、という共通見解

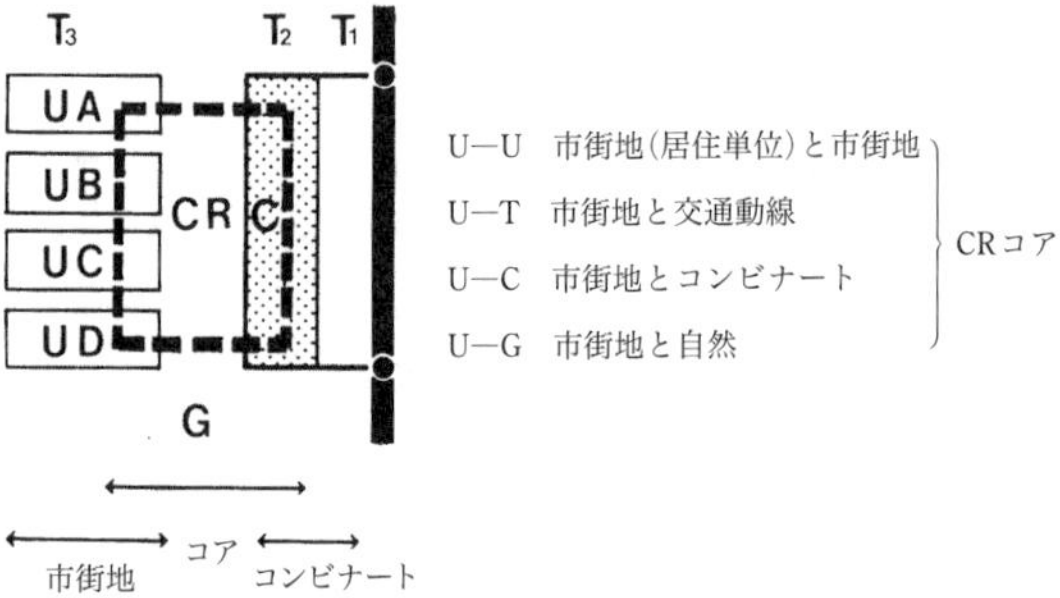

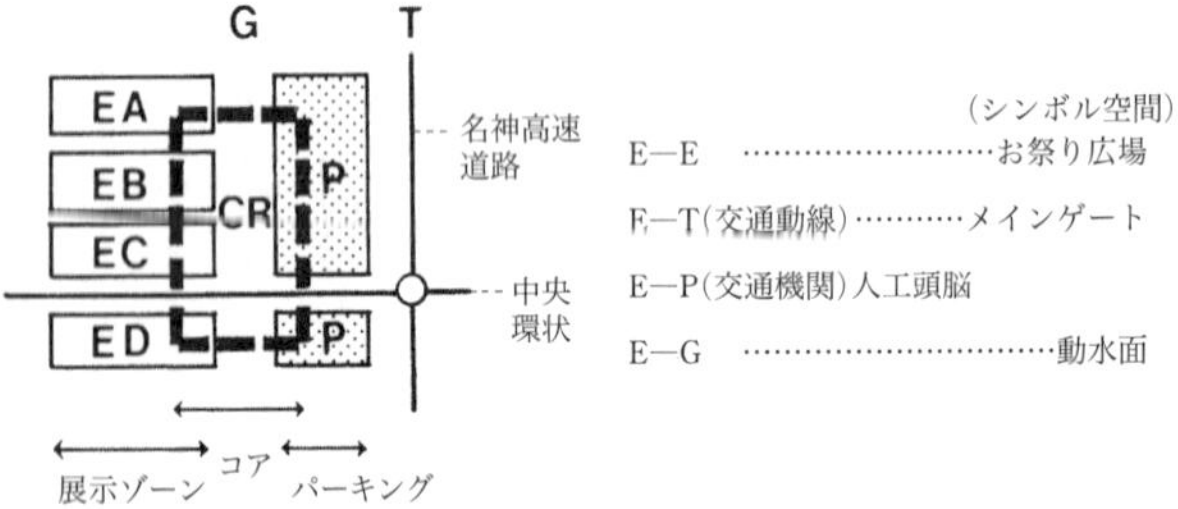

未来都市として見た万博会場．上：高速道路と都市の接合部イメージ，下：万博会場における未来都市のコア．『新建築』1966年7月号より

を得ている。ここから両研究室は、大阪・千里に建設される万博会場を未来都市と見立てた場合に、これからの日本の国土計画、都市計画、地区計画がどうあるべきかを問い直している。

一つ目の国土計画について、従来のイメージで国土の姿を捉えれば、国土・地方・府県・市町村という行政区分に従うのが最も一般的であった。しかし、一九六〇年代以降、高速交通機関の発達によって国土の姿は都市と交通動線との組合わせとして考えやすくなっていた。

二つ目の都市計画について、都市と交通動線との関係とは団子の串刺しのようになるのではなく、果実のように房状（クラスター）に取り付くことで、無用な通過交通を防止できる。

三つ目の地区計画について、高速道路（Ｔ１）から都市内交通（Ｔ２）へ移行する際、高速から緩速へ、両距離輸送から戸口サービスへ、幹線的な行動から小回りの効く行動へと変化する。こうした交通機能の変化する部分を流通コンビナート（Ｃ）として集約し、その先に一般市街地（Ｕ）や公園（Ｇ）を形成し、流通と市街地を統合する場として都市のコア（ＣＲ）を配置する。

この地区計画の素案から大阪万博の会場計画が導き出され、名神高速道路（Ｔ）から緩速の中央環状に接続し、流通コンビナートが万博会場のパーキング（Ｐ）へ、市街地がパビリオンの立ち並ぶ展示ゾーン（Ｅ）へ、そして都市のコアがお祭り広場（ＣＲ）へと読み替えられてゆく。

また、会場計画委員会の中では、三〇万人が大阪万博を訪れ、五万台の車が駐車する予想が立てられた。その際、丹下は万博会場と未来都市の関係について以下のように述べている。


それだけの交通が、ここで発生する場合に、それを上手にさばこうとするならば、もうそれはすなわち未来都市なんです。ですから何も特別にここに未来都市をつくるんじゃなくて、それだけの交通がさばける空間というのは、もう未来都市の姿を持っているわけです。

「第四回会場計画委員会議事録」一九六六年

丹下、西山両研究室のメンバーは、国土全体を貫く交通のダイナミックな変容を察知し、大阪万博の会場計画を通して国土計画、都市計画、地区計画の新しいプロトタイプを提案している。一方で、この提案は丹下が構想した東海道メガロポリスの具体化したものと位置づけられ、一九六〇年代後半の丹下の未来都市は大阪万博の会場計画に可視化されていったと考えられる。

増大する余暇時間

高速道路の出現が国土計画や都市計画のあり方に大きな変化をもたらしたが、このころの一般市民の生活も劇的に変化していた。例えば、名神高速は一九五八年に着工して一九六五年に全線開通、東名高速は一九六二年に着工して一九六九年に全線開通している。計画当初、建設省は高速道路を経済活動のための道路として位置づけ、高度経済成長を担う無数のトラックが昼夜を問わず往来するはずだった。というのも、高速を建設するには世界銀行から資金を調達せねばならず、先方に説明する際に目的を明確にする必要があった。しかし、実際に高速が開通すると、各企業は有料道路を嫌い、無料の国道を利用しはじめた。それに代わって東名高速を利用したのがドライブを楽しむレジャー客であり、建設省の想定外の展開となった。

ごく一般的なサラリーマンの自家用車が高速を走るには二つの要因が考えられる。一つにはサラリーマンが余暇に使える自由時間が増えはじめたこと、もう一つは自動車を購入できるほどにサラリーマンが豊かになったことが挙げられる。そもそも自由時間とは、一日の生活時間の中から、睡眠・食事に用いる生活必需時間と、労働・家事・勉学・通勤に用いる拘束時間を差し引いた時間と定義される。おもに休養、交際、趣味、レクリエーションなど、個々人の選択に委ねられた時間であった。

一九六〇年代に自由時間が増えた要因として、高度経済成長によって所得が増大し、購入できる自動車や家電製品が低廉化、高機能化したことが挙げられる。また一九六〇年代末、建設省は、今後週休二日制度などが定着すれば、日本国民全体で自由時間が年間一〇〇〇億時間ほど増える、と算出していた。当時の若者は、自由時間を謳歌するために自動車を購入し、こぞってレジャーに出かけたが、ドライブだけでは自由時間を使い切れず、持て余す事態さえ想定されていた。

こうした時代の変化の中で、大阪万博が自由時間を有効利用したい人、持て余す人の受け皿として大いに活用されたことは想像に難くない。

情報化する未来都市のコア

丹下、西山両研究室の合同合宿では、大阪万博会場を未来都市に見立て、そのコアとなるべき中心施設が「お祭り広場」と命名された。この名前は二一世紀の今日まで広く知られているが、そもそもはテーマ委員会で基本理念の草案が検討された際、「世界のすべての国民がそれぞれに発展させてきた英知とその成果を誇らかにここに持ち寄られることを期待し、そこに人類協和の喜ばしい一つの広場が出現する」(一九六五年一〇月二〇日第三回テーマ委員会議事録)との文言が提示されたことに発する。ここから、中心施設を公園ではなく、広場と捉える方向が示されたのではないかと考えられる。また、西山は、一九六〇年に中国を訪れた際、天安門広場で国慶節の祝典を見て、未来都市のあるべき姿を具体的に体感し、お祭り広場を着想した、と述懐している。

その後、一九六六年九月六日、丹下、西山の両名は会場基本計画案を第五回会場計画委員会に提出している。その中で、半透明の大屋根が架かるお祭り広場は会場計画の中心に位置づけられ、さまざまな催し物が行われる旨が報告された。また、各パビリオンへはお祭り広場から

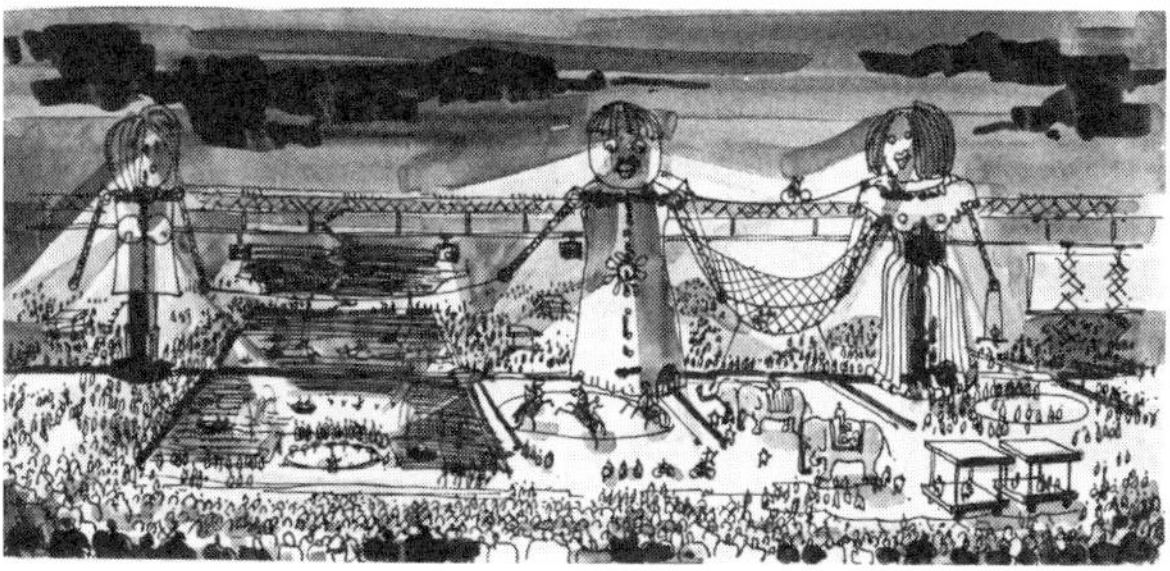

お祭り広場のパース．「お祭り広場を中心とした外部空間における水，音，光などを利用した総合的演出機構の研究」より

延びる動く歩道でアクセスすることも提案されている。しかし、常任理事会はこの案を了承した後、施設計画全般を担う総合プロデューサーとして丹下のみを指名したため、西山の怒りを買うことになった。

実施設計の段階で、丹下はお祭り広場の総合演出の立案を磯崎新《いそざきあらた》に委ねている。一九六七年五月、磯崎は報告書（「お祭り広場を中心とした外部空間における水、音、光などを利用した総合的演出機構の研究」）をとりまとめ、第一八回常任委員会に報告を行った。その報告書によれば、かつてのロンドン万博がクリスタルパレスを建設し、パリ万博がエッフェル塔を建設してきたが、これらは常に未来を予見するモニュメントであった。それに対して、お祭り広場は情報化社会を予見したインヴィジブル・モニュメントであり、人間とロボットが時空間の中で一体化する、という。

具体的には、可動式の屋根の架かった約六万平方メートルのお祭り広場に最高一〇万人の観客を収容し、水や火にまつわる世界の伝統的な催し物のほか、「ハプニング」のような現代的なイベントが企画された。また、広場の床は平坦で、地下はすべて機械装置とし、ショウ、お祭りの際にはコンピュータシステムによって操作されるほか、映写室、テレビ、監視室、投光器から芳香ノズルまで備えた高さ三〇メートルの「万能ロボット」が三台稼働することが提案されている。

磯崎は人間とロボットがコンピュータを介して一体化する環境をサイバネティック・エンバイラメントと定義し、情報化する未来都市のコアを構想している。この報告書の巻末には岡本太郎による磯崎案へのコメントが寄せられ、観衆はお祭り広場に「ヤボっちい」ものを求めているのであり、現代美術の文脈でしか理解されない「ハプニング」など受け入れられないだろう、と手厳しく批評していた。この磯崎の作業と並行して、お祭り広場の建築デザインがURTEC内で検討された。雑誌『新建築』の一九六七年八月号には、固定式の透明屋根に大きな円形の穴が空いた模型が掲載されている。

丹下は磯崎の提案に強い興味を示しつつも、期限内に大阪万博を実現させる観点から、屋根面を固定式とした。また岡本太郎にお祭り広場テーマ館のプロデューサー就任を要請し、一九六七年一〇月、常任理事会により承認されている。おそらく、岡本はプロデューサー就任前後にＵＲＴＥＣ内で穴あき屋根の模型を見、磯崎が検討を重ねてきたお祭り広場の総合演出構想を踏まえ、屋根の穴から突き抜けた太陽の塔の建設を提案するに至った。この提案に最も立腹したのは、丹下ではなく、構造を担当した坪井善勝であったという。いわば、磯崎の考案した高さ三〇メートルの可動「万能ロボット」の一台が「ヤボっちい」太陽の塔に生まれ変わり、もう一台が高さ一〇メートルの可動ロボット「デメ」に生まれ変わったのである。

原発稼働と未来都市

さきに述べたが、丹下は東海道メガロポリスを論じるにあたって、国土の情報的連結とエネルギー的連結を語った。情報的連結はお祭り広場のサイバネティック・エンバイラメントにも反映されていたが、エネルギー的連結は、美浜原発の建設に触れざるをえない。『関西電力五十年史』によると、大阪万博の成功と原発の関係が以下のように記されている。「美浜発電所建設にあたり、当社内の合い言葉は「万国博に原子の灯を」であった。実際、昭和四十五年八月八日に行われた美浜発電所の試送電は、万国博覧会会場へのものであった。同日午前十一時二十一分、約一万ｋＷの「原子の灯」が二十七万ｋＶの若狭幹線を通って、万国博覧会場に送られ、お祭り広場の電光掲示板にその旨が伝えられたのである。（中略）そして、六四二一万人

お祭り広場を説明する丹下．Ⓤ

余りが訪れた会期中の電力使用量は一億三千万kWhであった。これは実に百万世帯の一ヶ月分の使用電力に相当するものであった。美浜発電所の運転開始はこの電力需要の急増に対応することに一役買ったのである。」

大阪万博は丹下が構想した東海道メガロポリスを具体化し、六〇年代末の未来都市そのものであった。さらにお祭り広場はサイバネティック・エンバイラメントとして、国土の情報的連結のプロトタイプとなった。一方で、大阪万博の会期に間に合わせるべく、美浜原発が建設され、国土全体のエネルギー的連結が実現したといえる。また、高度経済成長を言祝ぐ大阪万博は余暇時間を有効に使う格好の観光地となった。

一九七三年のオイルショック以後、不景気にあえぐ日本国内で大阪万博は顧みられることは少なくなったが、海外では丹下健三の名声を確かなものにした。構想開始から五年足らずで実現した大阪万博は、日本以上に、中東やアフリカ諸国にとって目映い未来都市となったのである。

第3章　バブルと超高層ビル

1　中東諸国へ

スタジアムと宮殿

一九六四年から一九七五年までサウジアラビアを治めた国王ファイサルは、信仰心の深いイスラム教徒として知られ、のちにサウジアラビアの近代化を強力に推し進めた名君と評された。一九六五年、丹下は大阪万博の準備に取りかかっていたが、ファイサルは丹下に「首都のリヤド、外交の都のジッダ、そして石油基地のダハラン、この三都市にスポーツ施設群を作りたい。このすべてを手がけてほしい」と依頼している。この申し出に対して丹下は、三つのうち一つは自分が引き受けることとし、他にシドニー・オペラハウスの設計者ヨーン・ウッツォン、そしてアメリカ・イエール大学教授で建築家のポール・ルドルフが担当することを提案した。ファイサルは丹下の提案を受け入れ、三人がそれぞれの敷地を分担してスタジアムを設計することとなった。

丹下が受け持ったリヤドのスポーツ・センターは敷地が砂漠の中にあり、土地はいくら使ってもよいとの条件が出された。ところが、この喜ばしい条件に対して、丹下はむしろ設計の手がかりを失って途方に暮れてしまい、自ら四〇〇メートル角を設定して設計を進め、さらに三八〇メートル角に圧縮をかけて近代的なデザインのスタジアムを構想した。三人の設計は一九七〇年代初頭までつづき、基本設計を終えたが、中東戦争などの政情不安を理由に計画は凍結されてしまった。

丹下(右から2人目), 中東にて. Ⓤ

一九七二年に入ると、丹下はファイサル王妃から王宮のデザインを依頼された。その時の設計条件として、国王の執務室などの他に、レセプション・ルームや五〇〇人程度着席できる宴会室などが提示されている。この条件をもとに設計が進められたが、一九七五年にファイサル国王が暗殺され、この王宮計画も頓挫してしまった。

しかし、丹下とサウジアラビア王室との縁は切れることがなく、ファイサルの威光を讃え、世界に貢献するファイサル財団の施設設計を依頼され、無事竣工している。さらに、丹下はファイサルの跡を継いだハリド新国王の宮殿、ファハド皇太子の宮殿も設計し、完成させた。これらの施設の共通点は二つあり、一つには単純な幾何学形態を組み合わせつつ、ハーフミラーなどの瀟洒な素材を多用している点であった。これは丹下が同時期に赤坂や表参道で実現させた商業施設と同じ手法である。もう一つは、柱のない大空間を得るために、プレキャストコンクリートと呼ばれる建設技術を駆使した点にある。

また、さまざまな要素を結び付けるために、アラビアのスーク(光り屋根のついた商店街)の伝統や中庭を囲むといった空間手法が使われているものの、全体としては都市的なスケールに基づいて国王の威光を近代的な建築言語で表現し、地域の歴史性や風土に重きをおくことはなかった。

聖地ムナ計画

サウジアラビアは中東諸国のなかでも抜きん出た産油国である一方、イスラム教の聖地メッカを有することでも知られる。メッカには世界各地から多くのイスラム教徒が巡礼に訪れるが、サウジアラビアは毎年巨額の資金を拠出して、巡礼者のための宿泊施設、道路建設、病院、食堂などを整備してきた。この背景には経済的なゆとりもさることながら、サウジアラビアこそイスラムのまさに守護者であるというイメージを世界中に発信する意図があるともいわれる。

一般に、巡礼者は巡礼月七日までにメッカに到着し、カアバ神殿を七周する。翌八日、巡礼者は早朝からメッカを発ってミナの宿営地で一泊し、さまざまな儀式を行いながら一〇日、一一日、一二日の日没にはミナからメッカに戻り、それぞれの国に帰ってゆく。当時、山々に囲まれたミナの宿営地には約一〇〇万人が寝泊まりするにもかかわらず、宗教上の理由から常設の建築を立てることが許されず、ゴミや排泄物による不衛生な状態が懸念されていた。

一九七三年、ファイサル国王から相談を受けた丹下は、インダストリアルデザイナーの榮久《えく》庵《あん》憲司と協働して、一年のうち三日だけ二〇〇万人が共同生活を快適に送るための仮設都市計画に着手する。この結果、丹下と榮久庵はトレーラーハウスを進化させたトレーラーシティと呼ぶべきアイデアを立案し、ファイサルを喜ばせた。

この案はまず、地下に上下水のインフラを整備し、巡礼者数や交通事情に合わせてさまざまなユニット（二階建てテント、インフォメーション、トイレ、シャワー、調理、冷凍、給水、ガスなど）を開発して、トレーラーによってユニットを搬入し、クレーンで設営することとした。これによって二〇〇万人の巡礼者は衛生的で快適な巡礼生活を送り、巡礼期以外のトレーラーは、山々の麓に設けられたフリンジデッキに収納され、聖地としての美観を保つというアイデアで

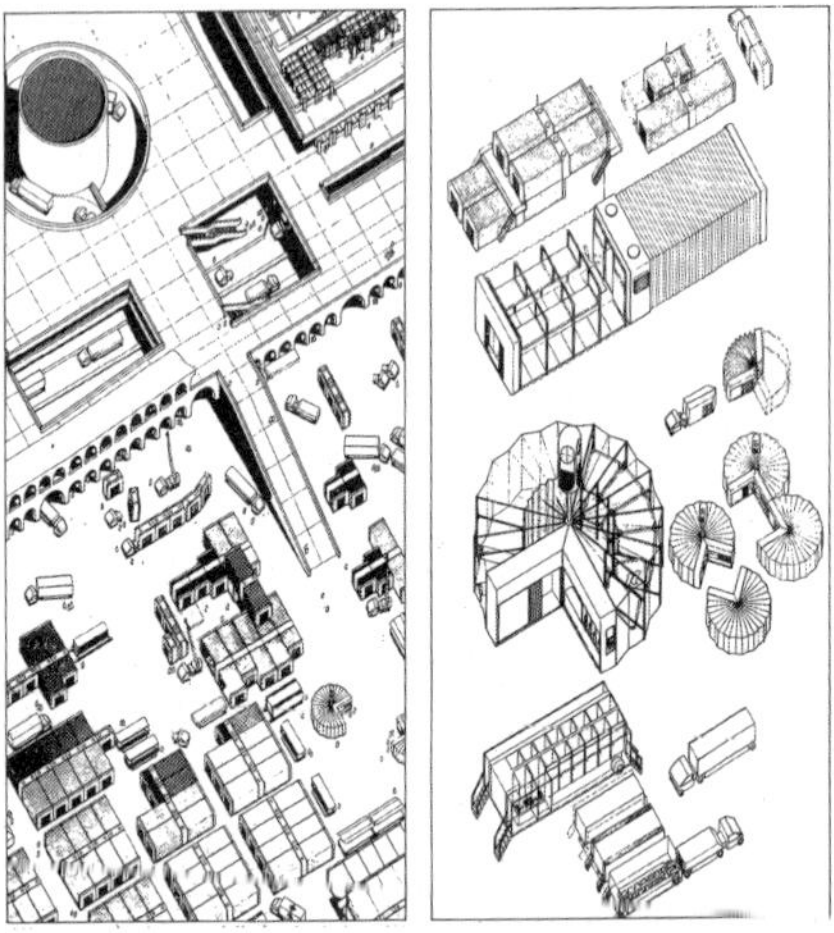

ムナ計画．丹下都市建築設計提供

バブル経済の歳出先

あった。

この案を実現するにあたって、ユニットの製作に不可欠な道具を生産する工場の有無や、既成の道具をアレンジした場合の不具合の解消などが検証されたが、ファイサルの死と共にこの案も実現することはなかった。

ここで興味深いのは、イスラム教の巡礼者たちが人生のなかで最も神に近づく伝統的なイベントに際し、近代的な手法を駆使して難問をクリアする、という発想がファイサルに受け入れられた点である。これを建築家の立場から捉え返せば、普段は接点を持たない宗教上の禁忌に触れずして、いかに姿形を消す都市を作りうるのか、というスリリングな課題であった。

一九七三年に起きた第一次オイルショックは、中東の石油に依存する先進諸国の経済に大きな打撃を与え、長期の景気低迷を招いた。一方の中東諸国からすれば、同じ量の石油輸出で何倍もの収益を得ることができ、「オイル・ヘブン」と呼ぶべきバブル経済が到来して、世界の富の偏在を加速させた。

サウジアラビアもその渦中にあり、軍事力増強と国土開発という二つの領域に莫大な予算をつぎ込むこととなった。前者は親米国家としてアメリカ軍需産業への依存をますます強め、武器商人と王族を結ぶ仲介人(口利き)が暗躍した。後者は第二次五カ年計画(一九七五―七九年度)では第一次に比べて一二倍の予算(約二〇〇億ドル)を組んだが、克服すべき点が多かった。

例えば、一九七二年当時、IMFはサウジアラビアの人口を四五〇―七五〇万人と推計し、世界銀行は八二〇万人と推計していた。つまり、どの国際金融機関もサウジアラビアの正確な人口把握がままならず、どの地域の、どのインフラ(油田、道路、工業団地、港湾、上下水、農地、住宅など)に、いくら投資をすれば、どれほど農業や工業の生産性が向上し、国民の福利厚生が見込めるのか、誰もその根拠がわからない状態であったといえる。それでもサウジアラビアの将来を大局的に俯瞰すれば、農村から都市への移住を減少させ、生活水準の低い南西部から工業コンビナートの建設予定地である東部地域、および紅海地域への移住を促すことが求められていた。

こうしたなか、丹下はサウジアラビア政府から南部地域開発に関する調査研究を依頼され、一九七四年五月に作業を開始している。この研究はサウジアラビア南部地域を構成する五つの主要都市を対象とした。報告書の中では、現況の要約、人口動態と住宅事情、雇用、公共施設、観光、交通、主要インフラ（電力・水など）、地区計画の順に整理され、一九九五年頃を目処とした地域の将来像が描かれている。丹下の提案がこの地域の発展にどれほど寄与したか定かではないが、七〇年代以後の国家主導の開発計画は、遅れていた社会資本を整備し、石油関連産業を中核とする国内産業全体の発展を促し、国民へ石油収入を再配分することで社会の安定性を高めた、と評する識者もいる。一方で、丹下は石油ブームによる開発ラッシュが中東諸国にもたらした弊害をこう指摘している。

この二〇年間を振り返ると、中東各国はまさに隔世の感がします。どこも国づくりを進め、西欧的な都市を建設してきました。しかし、石油ブームにのって開発をあわてすぎたのかもしれません。また、本来、労働を重視しない考えがあるのでしょうか、口ききの料などによる収入のみを求め、白らは働かない傾向が目立つようになってきています。

石油収入が国民をスポイルしたといえるでしょうか。

「発展期の中東　都市づくりに貢献して」一九八六年

オリエンタリズムの落とし穴

ここで、第一次オイルショック以降の、サウジアラビアにおける軍の近代化と国土開発を人材供給の面から捉えてみたい。

前者は大量の最新兵器をアメリカから購入した結果、そのメンテナンスのために多くの軍需産業技術者を国外から招き入れた。後者は大量の公共工事の発注に結びつき、労働力不足を補うべく、近隣諸国やインド、パキスタンからの出稼ぎ労働者を受け入れた。このため、サウジアラビアは国内の人材育成にとくに力を入れ、一九八〇年にはそれまで教育省と労働省で行われてきた職業訓練教育を一本化して、新たに技術教育職業訓練公団が創設された。これと時を同じくして、サウジアラビアでは労働力不足の解消のために女子カレッジの卒業生を活用すべきとの声があがったが、宗教界の圧力によって思うように雇用状況が改善せず、女性に認められていたのは教師や看護婦といった限られた職業のみであった。

一九八四年、丹下はキングサウド大学アルカシムキャンパスのマスタープランと施設設計を

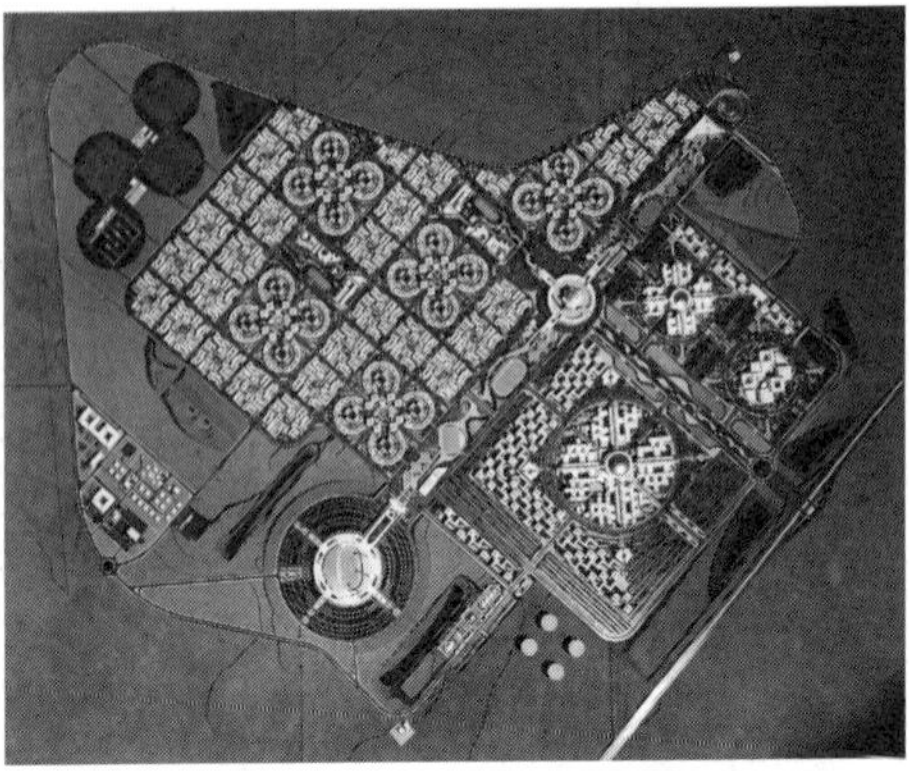

アルカシムキャンパス模型．村井修撮影

依頼されている。このキャンパスは四つの学部と大学病院を含み、学生数は一万人、学生数職員関係者を含めた約二万五〇〇〇人用の住宅都市施設も附設されていた。また、諸施設は男子部と女子部に分かれるが、例外的に大学病院に男性医師と女性看護婦が勤務するため、丹下は男女別の部屋割りをいかにすべきか、平面計画に頭を悩ませている。

一方で、このマスタープランを構想する際にヒントになったのが、敷地上空の飛行機から見えた光景だった。窓の外には砂漠の中に大小さまざまの円形緑地が広がっており、これは特殊な灌概技術によって地下数百メートルから汲み上げた地下水を利用して造り出された農耕地であった。この美しい緑の人工オアシスのイメージを踏まえつつ、丹下は直交座標のなかで円形、矩形を組み合わせた施設群を配置した。これにより空から見たキャンパスは「あたかもアラベスク模様のじゅうたんの様」になる、と解説している。

ここで留意したいのは、丹下に限らず、中東諸国の特徴的な景観をヒントに創造力を膨らませて、斬新な大学キャンパスを計画することは決して悪い話ではない。むしろ異文化に出合うことで、新しい発想が生まれる好機ともなりうる。しかしながら、海外の建築家が日本の大学から依頼されてキャンパスをデザインした場合、「着物の柄や兜の装飾をヒントに計画した」と説明すればどうであろうか。海外の建築家を好む施主からは一定の理解を得られるかも知れないが、浅薄な日本文化理解に止まっていると批判されても致し方ない。つまり、思想家エドワード・サイードの大著『オリエンタリズム』を持ち出すまでもなく、日本の建築家が中東で大規模開発を担当する場合、絶えず中東の文化を固定的・表層的に解釈し、知らず知らずのうちに再生産している危険性が高いことを、つねに認識すべきだろう。

総じて、丹下とサウジアラビアの結びつきは強かった。丹下は、スポーツ施設、宮殿、巡礼者用仮設施設、地域開発計画、大学、とサウジアラビアの統治と近代化に不可欠な施設の設計を任されてきた。その際、丹下とサウジ王族との煌びやかな交友関係ばかりに注目が集まりがちである。しかし、この事態を客観的に捉えれば、非西洋の建築家である丹下の設計した大半の建築は、王族の権威や繁栄を象徴するものであり、アラビア半島の文化や社会構造の変化にどれほど貢献しえたのかは、慎重に評価する必要がある。これは、次に取り上げるイランにおける近代建築の受容にも大きく関係する問題であった。

テヘラン市新都心開発

一九〇八年にイラン南部で油田が初めて発見されて以来、イランはイギリスやソ連の介入を受け、政情が不安定化した。しかし、一九五七年、アメリカの手助けを得てパフレヴィー国王が実権を握り、一九六三年には「白色革命」と呼ばれる農地改革や婦人参政権などの近代化政策を推し進め、大地主から収用した農地を農民に有償で配分した。これにより一部の中農層は企業的農業経営者へと変身したが、多くの自作農は職を失い、都市へ流出することとなった。さらに一九七〇年代に入ると、機械化の進展で農村での雇用が縮小し、農村人口が都市へ流出しつづけ、首都テヘランには五十余りの不法占拠地区やスラムが出現するに至った。

一方で、オイルショックによりイランの歳入は四五億ドル(一九七三年)から一七五億ドル(一九七四年)に跳ね上がった。この結果、首都テヘランを中心に大規模な都市開発が行われ、その工事現場を下支えたのが、さきに触れた農村から流出した労働者たちであった。

この好景気の最中、テヘラン市は、丹下に対して、アメリカの建築家ルイ・カーンと協働して同市の新都心開発計画を立案するよう依頼している。敷地は旧軍用地として残された未開発地で、五〇〇ヘクタールの美しい起伏のある丘陵地であった。この開発計画は以下三つの地区（第一に一五万人の就業人口を収容する都心業務地区、および市の行政中心地区、第二にイラン文化の伝統を保存・象徴する文化地区、第三に四万五〇〇〇人の為の住居地区）から構成される。

一九七四年二月、丹下とカーンは各々の案を持ち寄り、すり合わせを行った結果、以下五つの原則を定めることに合意した。一つ目に、自然の美しい地形とその起伏を最大限に残すこと。

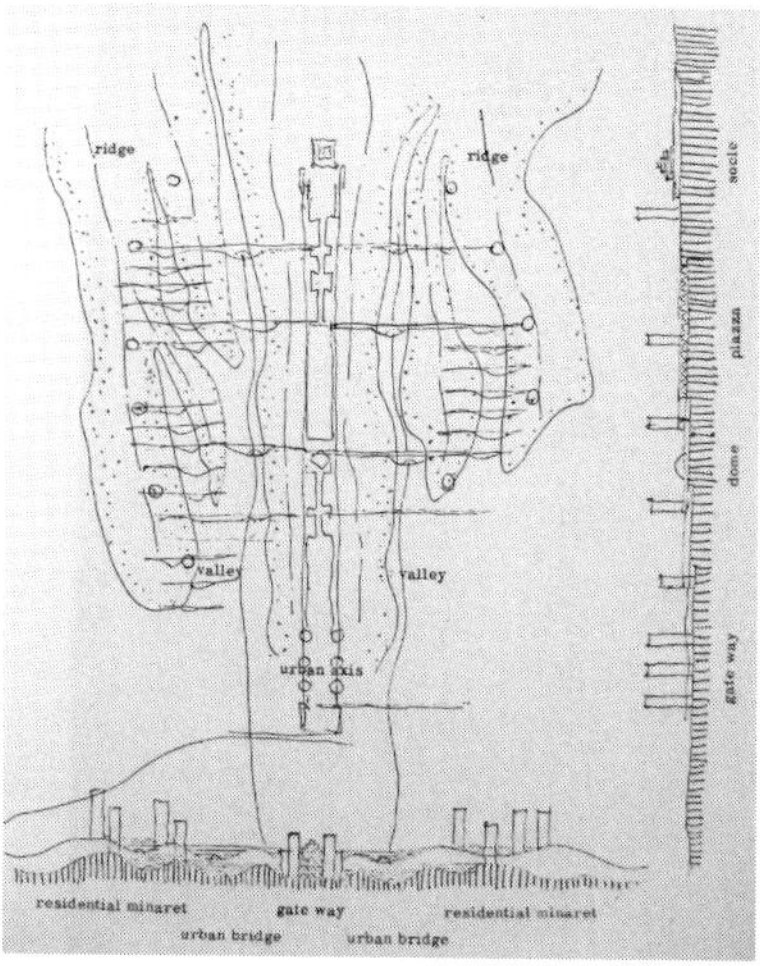

丹下が描いたテヘラン計画のスケッチ．
丹下都市建築設計提供

二つ目に、この地区をテヘランの南北軸と東西軸の交差する新都心であることを構造上明確にすること。三つ目に、中央に広場を置き、イラン二五〇〇年の歴史を象徴する文化の中心とすること。四つ目に、住居はこの地区の周辺に配置し、一部は山の頂に立つ塔状アパート、一部は谷を橋渡すような橋状のアパートとすること。五つ目に、都心の広場はイスファハーンに見られるような建築の諸原型を持ち、地区全体のシルエットにはペルセポリスにそびえ建つ列柱のシルエット・イメージを与えること、であった。
しかし、これをもとに作業を進めようとしたのも束の間、同年三月、カーンは地元フィラデルフィアの駅で亡くなってしまう。この結果、丹下はカーンの思想を取り込んだ形で最終案を作成している。その後、この地区の開発はイギリスのルーエリン・デイビス・アソシエイツが引き継ぎ、南北軸をつくって東西に住宅群を配置する、という基本概念が生かされている。

超高層・超高級

テヘラン市の新都心開発と併行して、丹下はテヘランで超高層マンションと超高級ホテルの設計に取り組んでいた。前者は都心部に近い公園と並木大通りにはさまれた敷地に、五五階、四五階、三五階の三つの高層住宅を計画している。

低層部は六、七層からなり、駐車場、商店、レストラン、レクリエーション広場などを含んで、隣接の公園と有機的に一体化されていた。また、三つの高層住宅棟は、一戸あたり三―四寝室とメイドルームを標準とする住宅を約五〇〇戸収容している。おそらく、オイル・ヘブンで潤ったイランの富裕層、アメリカ軍関係者、グローバル企業の駐在員らのための超高級マンションであったと推測される。後者はファラパークホテルと称され、藤田観光、三越、清水建設が出資した新会社のプロジェクトとしてスタートした。敷地はファラ王妃の名を冠する公園の一角にあり、高層事務所やアパート、ビジネスホテルなどの建設活動が活発に進められていた。

このホテルは、さきに触れたファイサル財団と同様に、基準階平面が直角三角形のモダンなデザインで、ミラーガラスが外装の全面を覆う超高級ホテルであった。設計も順調に進み、工事現場にイタリアから最初の鉄骨が搬入されたその日、イラン革命（ホメイニ革命）が起き、URTECの古参スタッフが日本へ逃げ帰ってきている。

テヘラン市の超高層マンション模型．村井修撮影

この革命は、一九七九年二月に発生し、パフレヴィー国王を中心とした親米政権の打倒、および白色革命下で持ち込まれたアメリカ文化の破棄を目指していた。例えば、サウジアラビアと同様に、パフレヴィー国王もオイル・ヘブンで得た収益でアメリカから大量の最新兵器を購入し、多数のアメリカ人軍事顧問がイランに駐

留するようになった。それに伴い、キャバレー、ナイトクラブ、ディスコ、B級ポルノ映画などが流入して、敬虔なムスリム（イスラム教徒）から激しい批判が浴びせられていたのである。

丹下がデザインしたホテルやマンションが偶像破壊の対象になったか否か判断しかねるが、一九七七年、テヘラン大学建築美術部長 Mehdi Kowsar はイランに持ち込まれた近代建築について冷ややかに次のように言及している。「誰もが近代建築を何か「新しい」ものとして受け容れはしたが、結局のところ、それは未消化のままに留まっており、所詮、その文化の形成には誰も寄与していないのである。（中略）結果的にみると、建築様式にせよ、建築工学にせよ、建築材料にせよ、ひどく間違った方法で用いられてきた。なぜなら、これらのある部分は西洋の社会的、文化的、歴史的なコンテクストの中においてのみ、意味をもつものであった。」

これを読むかぎり、丹下がイランに持ち込んだ近代建築は、中東諸国のコンテクストの中で意味を持ちえず、文化の形成に寄与できなかった可能性が高い。

2　アフリカへ

成長や技術は必要だ

一九世紀以来、アルジェリアはフランスの植民地であった。しかし、独立戦争を経て一九六二年三月、アルジェリアはフランスと休戦と独立を約束するエビアン協定を締結、一九六五年にはブーメディエン政権が樹立される。この政権は、社会主義を掲げて土地改革や外国企業の国有化政策を推し進め、国民の生活向上を図るため、数次にわたる経済開発計画を策定、遂行した。日本の民間では、伊藤忠商事が他の商社に先駆けて一九六四年にアルジェリアに事務所を開設し、油田開発プロジェクトに深く関与することになった。

一九七一年、丹下はアルジェリア政府からオラン総合大学建設プロジェクトへの参加を依頼される。当時、アルジェリアでは文字が読めない人の割合が七五パーセントに達しており、高等教育を担う教員の絶対数も不足していた。また、国家の経済発展を担うエンジニアや医者の数も不足していたため、大学建設は将来の国家運営に直結する重要課題であった。

このプロジェクトでは、日本・アルジェリア共同でアカデミックプラン（高等教育のカリキュラム）をゼロから立ち上げ、かつキャンパス全体のマスタープランと各施設の設計が求められた。前者を立案する際に大きな役割を果たしたのが、大阪大学医学部教授でのちに同大学総長となる山村雄一であった。

また後者は、三〇万平方メートルに及ぶ複雑な施設群をいかに建築的にまとめていくかとい

オラン総合大学の建設現場．
1984 年頃．梅沢良三提供

うことが重要な課題となった。検討の結果、丹下は、東京計画１９６０で試みた都市軸を選択し、立体格子状のコミュニケーション・ネットワークをもった空間構造を用いることとした。しかし、アルジェリアは建設産業が黎明期で、これだけの規模の施設群を作るための建設資材を準備できなかった。このため、オラン市東端に接する三〇〇ヘクタールの敷地に、工事に必要なプラントを作ることから始められた。

二一世紀の今日から見ても、日本の先進的なソフトとハードをそろって発展途上国へ輸出することは画期的な試みであった。しかし、当時の日本の新聞紙面では「工業主義や技術文明の進歩への楽天的な信頼感に自戒が求められ始めているが、発展途上国の立場への共感の名の下に、工業主義的なデザインを売りつけることが、相手国の人たちの幸福を考える道になるのだろうか」と揶揄された。これに対して丹下は、一九七四年四月二三日付の『朝日新聞』紙上で次のように反論している。

進歩と成長、開発と建設は環境を破壊するものと責められてはいる。しかしそれは先進国のぜいたくな悩みから出たものだ。技術的・経済的・文化的不均衡を是正し、富の配分の均等化をはかる途上国の立場でみると、成長や技術は必要だ。途上国のこれからは、テクノロジーの進歩その他で、公害を招かない形の発展パターンがたどれるだろう。いまのように、情報的価値が世界をおおいつくす前の段階では、先に省資源・頭脳集約型の知識産業化をした日本などが、技術からデザインに至るノウハウを途上国に輸出、人工環境としてのものの整備に協力することが必要だと思う。

丹下は、戦後の日本で培った開発手法を、豊かさを求める発展途上国に向けて輸出することは批判に及ばない、と考えていた。しかし、丹下の発言から四〇年以上経った現在、当時の日本式の開発手法が途上国の技術的・経済的・文化的不均衡を是正したのか否か、検証すべき時期に差しかかっている。

地中海沿岸リゾート計画

一九七四年の初め、丹下はオラン総合大学の設計と並行して、アルジェリア観光省からオラン近郊の地中海沿岸リゾート開発計画を策定するよう依頼された。この計画は都市デザインと建築デザインに大別され、前者はサウジアラビアの南部地域開発計画と同様に地域の地形や人口、産業構造といった現状把握を行い、将来予測を踏まえたマスタープランを作成するよう求められた。後者は前者で得られた成果をもとに、地中海に面した断崖に、国際会議場や展示施設を内蔵する大型ホテルの検討を行っている。

この結果、複数の大型ホテルを海岸沿いに点在させ、将来的には客室総数一万室に達する巨大リゾートエリアの構想が描かれた。こうしたリゾート開発計画は、原油輸出とならんで、西欧先進諸国から外貨を獲得する手法に過ぎず、自然破壊の元凶であると批判されるであろう。しかし、丹下は報告書の冒頭で余暇時間の抱える問題を以下のように論じている。

急速な成長と変化を伴う現代社会において、人々が自らを回復させ、自然や歴史と深く交わることが最も重要である。また今日において機械化が進んだおかげで、人々はこれまで経験したことの無い程の自由時間を謳歌できるようになり、そこでは文化的な交流・交易が盛んに行われるようになった。こうした状況下で、この自由時間を如何に活用するかが重大な課題となっている。余暇時間は束の間の快楽や破壊的な行動に用いることも出来れば、人間の幸福を増進する創造的な活動に用いることも可能である。後者の余暇時間活用を促すためには、国際水準にある新しい環境が必要となる。

「アンダルース計画報告書」一九七四年

第2章の大阪万博の節で触れたとおり、戦後の日本は所得の増大と共に家電製品が充実して、一般市民の余暇時間は急激に増加し、自動車、飛行機の普及によって行動範囲も大幅に拡大した。この余暇時間をいかに善用し、創造に結びつけるかは、高度経済成長を経験した日本のみならず、先進国に共通する課題であった。そして、産油国自身も近代化する時を迎え、地下資源のみならず、地上の観光資源を有効活用することが求められていたのである。先進国だけでなく、発展途上国の近代化による急激な生活環境の変化を踏まえ、国際水準のリゾート環境を創出することこそ、一九七〇年代の丹下の課題の一つであった。

新首都建設

一九六〇年、多くのアフリカ諸国が西欧列強から独立し、「アフリカの年」と呼ばれた。同年一〇月一日、ナイジェリアもイギリスからの植民地支配を脱し、連邦制国家として独立を果たした。しかし、ナイジェリアでは部族間対立が激しく、一九七五年八月の無血クーデターによって北部出身のモハマッド准将が実権を握った。

当時の首都ラゴスは、ナイジェリア南部の海岸沿いに位置し、特定の部族に属するエリアとして栄えたため、モハマッドは政治的な安定を図るために新首都の建設を発表した。しかし、一九七六年二月、モハマッドは殺害され、オバサンジョ准将が政権を継承した。オバサンジョ政権のもとでも、新首都の位置は主要民族の影響が及ばない場所とし、地勢、地質、水源、用地、経済発展の観点から国土の中央部に選定された。しかしそこは、雄大な岩山「アソ・ロック」と見渡すかぎりサバンナという、まったくの未開拓地域であった。

一九七九年一〇月には民政移管が行われ、シャガリ大統領が選出されたが、軍事政権下でまとめられた新首都マスタープランに沿って具体的な設計者を選出することになった。この頃、ナイジェリア連邦首都開発庁は世界中から新首都建設を担える建築家をピックアップし、同年末、丹下に新首都のデザインを委託した。

当時、ナイジェリアは人口九〇〇〇万人を誇り、第二次オイルショックによる石油高騰で沸き立つアフリカの産油国であった。このため、新しく建設される首都は二〇世紀末までには六〇万人、ゆくゆくは三〇〇万人の都市になると想定された。

丹下はここでも東京計画1960で提案した都市軸を用い、両翼に市街地が展開しうる成長可能な都市を描いた。具体的には、アソ・ロックの南の麓に三権施設(国会議事堂、大統領官邸、最高裁判所)を配置し、そこから南に向けて都市軸を引いた。この軸線上に市庁舎、広場、ショッピング街、ビジネスセンターが配置され、東西方向には住宅地が配された。

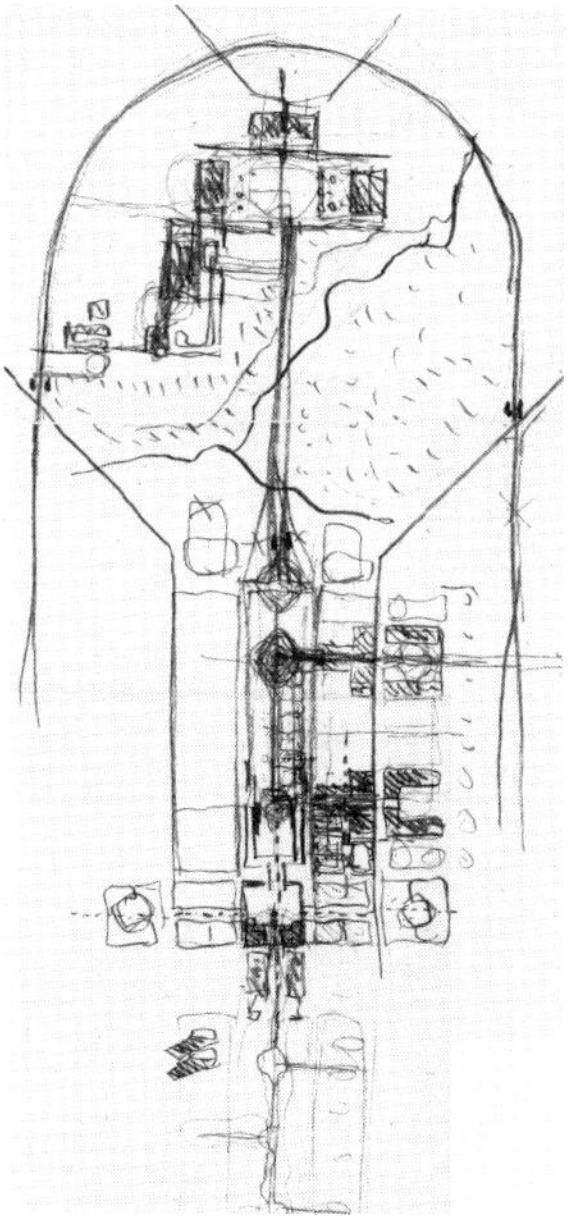
丹下が描いたナイジェリア新首都建設計画のスケッチ．丹下都市建築設計提供

丹下によるマスタープランがすべて完成し、主要な公共施設の入札まで進んだが、第二次オイルショック後の石油価格の低迷、文民政権による放漫財政、汚職、腐敗によって首都建設のペースが低下した。さらに一九八三年にシャ

ガリ大統領が無血クーデターで失脚、新しい軍事政権が発足し、首都建設が危ぶまれた。しかし、一九八〇年代末、アブジャの都市区画と道路整備が完了し、一九九一年にナイジェリアの首都となった。しかし、丹下のデザインした三権施設は実際に施工されることはなく、他の設計者のデザインで竣工している。

植民地支配から脱した新興国家が新首都を建設するという難事業に対して、二つの対照的な評価が可能である。まず肯定的に評価すれば、幾度もの政変を乗り越え、部族間対立を解消して統一国家の新首都を建設できた点で傑出した成果であったといえよう。一方で否定的に評価すれば、アブジャに限らず、世界各地で建設された二〇世紀の新首都は、仕事を求めて流入する人口を制御できず、輝かしいマスタープランとは裏腹な非衛生的・非効率的・非民主的な居住空間を再生産してしまった。

また、丹下が描いたパースのなかに、市民らが広場や歩行者空間で憩うシーンが描かれるが、実際のアブジャではこうした民主的な公共空間がまったく実現していないという。その背景には、かつてナイジェリアで建設された多くの植民都市には、白人を保護するための人種隔離地域(GRA)が設けられたが、丹下はアブジャにGRAを設定しなかった。つまり、丹下はナイジェリアで近代的な首都を提示したものの、実情にそぐわず、民主的な公共空間は実現に至らなかったのである。

異国との対峙

ここで、中東やアフリカ諸国で丹下が携わったさまざまな計画のなかで、丹下がいかに依頼先の地域の伝統装飾や建築様式に向き合ってデザインしたのかを考えてみたい。この問いは、丹下が一九八〇年代半ばに設計したシンガポールの超高層ビルや東京都庁舎の外装を考える上での興味深い補助線となる。

一九七〇年代後半、カタールのガバメント・センターを設計した際、丹下は施主から「アラベスクの装飾をあちこちに付けてほしい」と依頼されている。しかし、丹下はモダニストを自認していたために、「そういう装飾は使わない」と強く拒否した。これに対して施主は「アラベスクはわれわれの文化だ」と反論するや、丹下は立腹して席を立ち、出て行ってしまった。一九五〇年代の広島平和記念公園以後、丹下の設計した建築は大半が鉄筋コンクリートの打放し表現であり、可能な限り装飾を排した丹下にとっては当然の反応だったかもしれない。

一方で、一九八〇年代初頭に取り組んだナイジェリア国会議事堂の外装では、当地で古くから伝えられるプリミティブ・アートの柄が採用されている。というのも、ＵＲＴＥＣの担当ス

ナイジェリア新首都建設計画を説明する丹下.『一本の鉛筆から』より．丹下都市建築設計提供

タッフが、ナイジェリアの伝統、歴史、文化を外装に反映すべきでないか、と提案したことが発端であった。これに対して、丹下は利用可能な柄を探すようスタッフに指示し、丸、三角、四角を用いた力強く原始的なデザインを採用するに至った。

ここで、広島から、カタール、ナイジェリアに至る過程で起きる、外装に関するわずかな変化を読み解くと、五〇年代の丹下が担った施設は海外プロジェクトに比して小規模で、自らの思想をダイレクトに表現する機会に恵まれたといえる。七〇年代に入って、丹下は巨万の富を持つ複数の施主の期待に応えようと、東京計画1960や三次元都市構想をもとに、数十万平方メートルにも及ぶ巨大施設を次々とデザインした。

この時、施設内部には施主の要求に応じてさまざまな機能を充填したが、短時間のうちに複雑な内部を外装に反映することは困難で、マンネリな外観が再生産される危険性が生じていた。

これに対して、カタールでは施主側から、ナイジェリアではＵＲＴＥＣスタッフから、地域性や歴史性を反映したデザインを採用するよう求められたのである。

また、中東やアフリカ諸国の施主には、王族や軍閥などのワンマンな性格の人々が多かったと推測される。そして施設の外装について、設計者にお任せのプロジェクトもあれば、力強く、わかりやすい表現が求められたプロジェクトもあった、と考えられる。一九三〇年代のスターリン建築の例を引くまでもなく、一九七〇年代以降、丹下は、自らの三次元的な立体格子デザインと軸線を基調としつつも、巨万の富と権力を持つ施主を満足させるよう、施設を巨大化させ、施設全体をわかりやすいパターンで覆っていった。丹下は、この手法に磨きをかけて、一九八〇年代にはリー・クアンユーや鈴木俊一といったアジアのリーダーたちと渡り合うことになる。

3　シンガポール、ふたたび東京へ

リー・クアンユーと都市再開発庁

二〇一五年現在、シンガポールの国土は七一六平方キロメートルで、東京二三区の六・二三平方キロメートルよりもひと回り大きい。また人口は約五四七万人で、東京二三区の約九一三万人に対して六割程度にとどまる。規模からいえば、大国と呼ぶにはほど遠い。しかし、シンガポールは世界的な金融市場の一角を占め、アメリカと中国という二つの超大国の狭間で巧みな政治バランスを保ち、アジアの経済発展を牽引する都市国家として知られる。

シンガポールの輝かしい繁栄はリー・クアンユー(李光耀)元首相の手腕なくして語りえない。リー・クアンユーの業績は以下の三つに集約できる。一つ目に、植民地末期に共産系グループと並んで、ナショナリズムの担い手として登場した点である。植民地期のシンガポール社会はさまざまな地域からの移民の集合に過ぎなかったが、ナショナリズム運動を推進することで、バラバラな住民たちを一つの共通目標で結ぶことができた。二つ目に、新生国家を作り上げた点である。人民行動党と共に独立を獲得し、植民地政府の統治体系をうまく利用しながら新生国家の枠組みを整えた。三つ目に、驚異的な経済発展を達成した点である。リー・クアンユーと人民行動党は、開発に最も適合する仕組みを全力で作り上げ、社会のあらゆる資源や国民を成長に向けて総動員することで、アジア有数の先進国に躍り出たのである。

シンガポールの開発に最も適合した仕組みの一つとして、超高層ビルを建設するための強制的な土地収用制度が挙げられる。都市再開発庁(以後、URA)は既存の二、三階建ての老朽家屋が並ぶ地区を計画的に買収し、ある程度のまとまった土地が何カ所かできると、それらを敷地として公告を出す。ディベロッパーは有名建築家とチームを組み、土地の用途や容積率や高さの制限に従ったデザインを提出する。ここで提出されたデザインについて専門の委員会が厳正な審査を行う。そして、デザインが優れた上位三位の買収予定額の平均値を割り出す。そのうえで、平均値よりも高い値段で、かつデザインの最も優れたチームに売り渡す。そういう仕組みである。つまり、「デザイン＋コスト」を競わせたのである。

さらに、勝ったチームは「五年もしくは一〇年以内に建物を完成させなければならない」という条件を課された。土地そのものは売却ではなく、九九年、もしくは九九九年の定期借地契約のため、ディベロッパーは早く建てて、早くテナントを入れる方が利益をあげることができる。

「KENZO TANGE」の光と影

一九七〇年、丹下は香港大学から名誉博士号を授与された。そこに同席したのがリー・クアンユーであった。リーと意気投合した丹下は、その後何度かシンガポールを訪れる。自らのデザインが採用されたのは、一九八一年頃に始まったＵＲＡによる超高層コンペからであった。

丹下が最初に勝ち取ったのがＯＵＢ本部ビルだったが、ここでは草月会館やファラパークホテルと同様に、二つの直角三角形を組み合わせ、二八〇メートルの超高層ビルを竣工させた。

こうしたコンペにはサウジアラビアの節で触れたポール・ルドルフ、パリ・ルーブル美術館のガラスのピラミッドをデザインした建築家Ｉ・Ｍ・ペイ、アメリカで数多くの超高層を手がける組織設計事務所ＳＯＭなど、世界的に活躍する建築家が数多く参加していた。ここで勝ち抜くには、施主が身にまといたい超高層ブランド「ＫＥＮＺＯ　ＴＡＮＧＥ」を打ち立て、さらにそれを実現するだけの監理能力があることを示す必要があった。

前者の「ＫＥＮＺＯ　ＴＡＮＧＥ」の創出について、一般に超高層ビルは巨大であり、施主の威光や業態を象徴するイコンであることが要求される。一方で、超高層ビルは巨大であるがために、経済性や合理性が求められ、誰が設計しても差別化しづらい。このため、ビルの内装はインテリア・デザイナーが担当し、建築家はもっぱら超高層の輪郭線と素材によって他の建築家との違いを強調しようとする。

こうした状況のなかで、当時のＵＲＴＥＣ内では「超高層ビルで中間階にデザインの力点を置いている建物は少ない」という話から、発泡スチロールで長細い直方体を作り、それを中心あたりで載せてみた、という。さらに、「四角を振って、その上も振るのはどうか」「途中階で二つがかみ合ったら面白いのではないか」と検討が進み、ＯＵＢビルのデザインが生まれた。これはのちに東京都庁舎にも積極的に採用され、中間部、頂部で四五度ずつねじる超高層ブランド「ＫＥＮＺＯ ＴＡＮＧＥ」が誕生した瞬間であった。

後者の監理能力について、シンガポールの超高層コンペは奇抜なデザインのみを競うものではなく、厳しいコスト管理と高いクオリティのオフィスを実現する必要があった。日本で超高層ビル工事を発注する場合、大きなゼネコンと契約するのが通例である。しかし、ＯＵＢビルでは分離発注方式が採用され、施主側のプロジェクトマネージャーが、鉄骨工事、設備工事、カーテンウォール工事と、工事単位ごとに発注を行った。

つまり、コストを下げるために、世界中から鉄骨、石、ガラスなど安い建設資材をかき集め、時間内に上手にアッセンブルしなくてはならない。設計者はプロジェクトマネージャーと業者との間に入って調整し、図面どおりに超高層を完成させる必要があった。丹下はこの設計過程で多大な労力を払った。しかし、シンガポールで超高層の経験を多く積むことで、東京都庁舎建設の糧にできた、といえよう。

一方で、外国のスター建築家がＵＲＡによる巨大プロジェクトを設計監理することについて、シンガポール国内ではどのように評価されていたのか。シンガポールを代表する建築家ウィリアム・W・リムは、以下のように述べている。「七〇年代中期に非政府および政府の双方が、国家の主な建物の設計に、外国人の建築家を好んで雇ったのである。この傾向は一九七五年から続き、商業主義的な国際様式が一五年以上にわたってシンガポールにおける建築デザインを支配した。(中略)建築家が、アメリカ人、ヨーロッパ人もしくは日本人であるかどうかは関係ない。残念なことに彼等は共同して、シンガポール人建築家が創造的な仕事に取り組むべき機会を取り上げてしまったのである。」(宇高雄志訳)

リムは、シンガポール国内の優秀な建築家たちが海外のスター建築家を補佐することで実力を付けていった点に理解を示しつつ、近代化と自由競争の名の下に国家が自国の設計者を育てるのを放棄したことを嘆いている。

マリーナ・サウス計画

URAは、既存市街地の再開発だけでなく、臨海部の埋立ても行ってきた。一九八三年には、都心部であるシティ・センターの南側のマリーナ・サウスと呼ばれるエリアに、二八〇ヘクタールの埋立てを完了させた。これに伴い、シンガポール政府は丹下とI・M・ペイに対して、この地に新しいビジネスセンターを作るマスタープランのための参考案を作るよう依頼している。

その際に丹下は、市内を東西・南北に走る地下鉄の建設費がマリーナ・サウスの土地の売却益金でまかなわれる予定であることに触れ、都市の開発はたんに膨大な費用のかかる事業としてではなく、公共のために巨額の利益を生み出す事業であり、日本政府や国鉄なども参考にすべきである、と賞賛している。

マリーナ・サウス計画模型．村井修撮影

丹下はシンガポールで複数の超高層のデザインを行い、広大な大学キャンパスやスタジアムの設計も手がけた。こうした経験を経て丹下は、一九八七年、日本に比して「シンガポールのほうが国際的ではないか」と指摘するに至る。その根拠として、シンガポールの公用語が英語で、市販される新聞にも先進国に劣らない国際情報があふれていること、金融や通信が自由化されていること、建築家の社会的地位が定着し、設計監理報酬もＲＩＢＡ（イギリス王立建築家協会）に準じていること、施工の際に分離発注が徹底され、世界中の市場から安価な資材を調達すること、などを挙げている。そして、丹下はこのように結ぶ。

シンガポールの体験は私たちにとって貴重なものでした。シンガポールから世界が見えてくるように思われます。それに反して日本にいると世界が分かりにくくなります。日本にはまだまだ鎖国的な領域が多過ぎて、それが国際化をはばんでいるように思われます。

「シンガポールでの設計活動」一九八七年

さきに触れたとおり、丹下はシンガポールが陸地の土地売却益によって公共交通を整備した点に強い関心を示している。これは国鉄用地売却益によって臨海を開発し、さらに臨海の土地を民間に放出することで、さらなる開発資金を得る、というバブル経済の雛形に近しいことがわかる。つまり、丹下にとってシンガポールは、一九八〇年代以後の日本、とくにその中枢である東京湾臨海部を国際化する際の手本であったようにも読める。

新宿都庁構想

一九七〇年代、日本経済はオイルショックを経験し、長期の不景気に沈んでいた。大阪万博以後、丹下は日本国内で主だった公共建築を手がけることはなく、さきに触れたサウジアラビア、イラン、アルジェリアなど石油産出国からの依頼で巨大開発に注力していた。しかし、一九七九年、東京オリンピックの際に副知事で、大阪万博の際には事務局長を務めた鈴木俊一が東京都知事選に立候補する運びとなり、丹下は自民党幹部に請われて確認団体「マイタウンと呼べる東京をつくる会」の長に就任する。

確認団体とは、選挙期間中に政治活動を許された政治団体のことで、街頭演説やポスター貼り、ビラ撒きなどが許可されていた。当時、丹下自身は病の身であったため、「たいしたお手伝いは出来なかった」と述懐している。鈴木は現職の美濃部亮吉を破って、都知事に就任した。

当時、東京都の抱えていた最大の課題は財政問題であったが、旧都庁の移転問題も重要課題であった。美濃部知事のもとで開かれた新庁舎建設審議会では、従来どおり有楽町に新庁舎を作り、新宿の都有地には第二国立劇場などの文化施設を作るのがよいだろう、という答申が出されていた。

しかし、鈴木は都知事に就任するや否や、新都庁を新宿に移転する方向に舵を切った。それに歩調を合わせるように、丹下も新宿都庁移転構想を披露している。例えば、都知事選挙から一年半経過した一九八〇年一〇月、「東京・ニューヨーク都市問題シンポジウム」が開催された。この基調講演のために登壇した丹下は、七〇年代に美濃部都政下で盛り上がった住民主体のまちづくりに一定の評価を寄せながらも、その限界を指摘している。さらに八〇年代以後には鈴木都知事のリーダーシップに期待を寄せ、次のように都庁移転にも触れている。

鈴木知事も、一九八〇年初頭に都庁舎を新宿に置くという初夢をご覧になったと云っておられますが、しかしこれは夢ではなく、より現実性を持つものとなりつつあるように想われます。日本の都市には市民広場がなかったと申してきましたが、マイタウン東京のシンボルとして、何と言っても「東京都民広場」をつくり出す事が重要に思われます。そこには東京の歴史文化、芸術に関する凡ての情報が都民にサービスされうるような博物館、美術館、劇場、図書館などの総合的機能をもった施設が新しい都庁舎前の広場を囲んで立っているという情景を私は今、心に抱いております。

（「基調・記念講演」一九八〇年）

新宿副都心を敷地とした東京都庁舎コンペが開催されたのは一九八六年であった。丹下はそのはるか五年前に、公の場で新宿都庁構想を披露していたことになる。

東京テレポート構想

鈴木都知事の誕生と時を同じくして、一九七九年、JAPIC日本プロジェクト産業協議会（初代会長は当時の斎藤英四郎・新日鐵社長）が組織される。JAPICは鉄鋼、セメント、土木、建設、建設機械などの業界団体の集合体で、国土の有効活用と社会資本の充実を図る各種大型プロジェクトの推進を目的としていた。

一九七〇年代後半の日本は緊縮財政を強いられ、公共事業費が抑制された結果、「建設冬の時代」とも呼ばれていた。この窮状を何とか打破すべく、JAPICは民間活力導入による社会資本整備を各界に働きかけ、川崎と木更津を結ぶ東京湾横断道路プロジェクト（東京湾アクアライン）を始動させた。この構想は、第2章でも触れた産業計画会議による「東京湾二億坪埋め立て」案（一九五九年）の中に組み込まれていた。実現に際しては海上に二つの人工島を建設し、それまで経験したことのないヘドロのような軟弱地盤の中を大口径のシールドマシンで掘り進むという難工事を経験している。

民間活力を導入した内需拡大と景気浮揚策は中曽根康弘内閣（一九八二—八七年）の下で推進

され、バブル景気に結び付いてゆく。大型社会資本整備計画だけでも、アクアラインの他に、関西国際空港、汐留駅（国鉄用地）、幕張メッセ、横浜みなとみらいなどが矢継ぎ早に打ち出されていた。そのなかで、やや地味ながらも、ここで注目したいのが、JAPICが提言した「東京再開発計画の一考案」と、東京都港湾局が主導したお台場の東京テレポート構想である。

前者は一九八三年五月に公表され、「予想される関東大震災の前に、また後に何をなすべきか」という副題が付されている。ここでは、東京都防災会議の研究成果をもとに事前復興計画、首都圏直下地震の被害想定、復興計画、資金調達、法整備などが謳われている。そして、東京の将来あるべき姿とは「第三次産業に特化した国際都市」であり、「二十四時間休みなく生産活動が行われ」「外国との取引や外交交渉等に携わる官吏、ビジネスマンには、都心の広い賃貸住宅に住み、外国人の客を招き入れホームパーティを開けるような環境を整えてやるべき」で、「環状八号線で囲まれた地域を二十四時間都市地域に指定」し、「二十四時間性の無い施設は中央官庁の一部も含め、郊外への転出を図る」と記されている。つまり、生産性の高い高級官僚とビジネスエリートのみが環状八号線内を占拠し、東京一極集中を加速させることが国際都市・東京の競争力を高める、という見立てである。

一方の後者は、一九八五年四月に東京都港湾局が第二回世界テレポート会議総会において発表した構想である。そもそもテレポートとは、国内・国際間における通信能力を高め、通信衛星およびその地上通信施設とを結合させたオフィス・スペースの供給促進を目的としていた。具体的には、パラボラアンテナを備えた地球局、通信の処理および情報の加工を行うテレコムセンター、情報通信サービスを受けられるインテリジェントオフィスの三つによって構成される。インターネットと携帯電話が必需品となった現在から見れば、やや時代を感じさせる業務街区整備であったが、一九八〇年代半ばの輝かしい未来都市構想に位置づけられよう。この案はのちに、東京都が推進することになる臨海副都心開発の叩き台となり、政府関係者も関与を強めることになった。

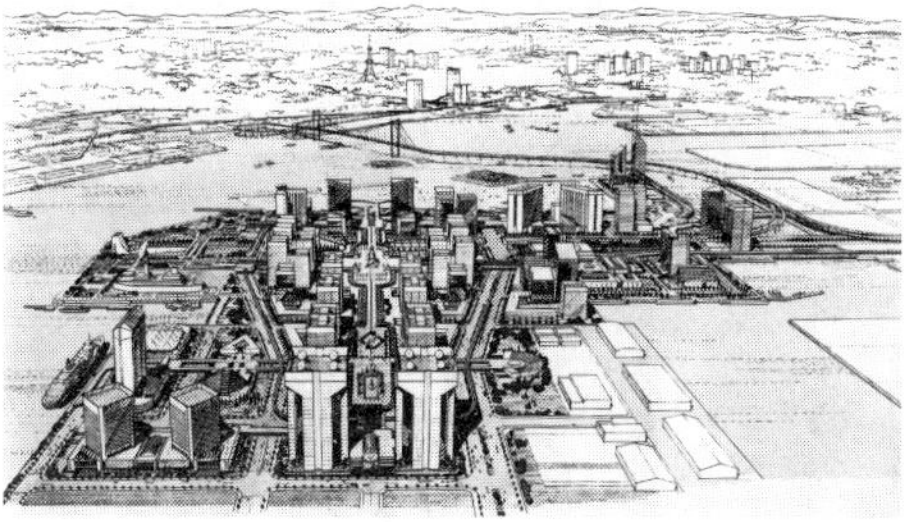

東京テレポート計画．『東京テレポート構想検討委員会最終報告』より

東京新都庁舎コンペ

一九八五年一〇月二八日、東京都新都庁舎設計競技審査会が設置され、一一月八日、指名設計競技が始まった。この時に指名されたのは大手設計事務所の他に、前川國男建築設計

丹下とツインタワー．ブラジリアにて．堀越英嗣提供

事務所、ＵＲＴＥＣ、磯崎新アトリエなどであった。

丹下はシンガポールでいくつもの超高層を設計監理し、着実に経験を蓄積していた。ただ、その一方で丹下は、マイタウン東京のシンボルにふさわしい超高層がどのような姿形であるか、頭を悩ませていた。ＵＲＴＥＣの元所員によれば、「コンペ開催の決まる遥か以前に、新幹線の中で丹下がノートに都庁舎のデザインを懸命に描いていた」という。

そんななかで丹下の頭にあったのが、ツインタワー案であった。例えば、丹下はニューヨークに滞在した際、窓の外に見える相似形のタワーを指差し、強い興味を示している。コンペが始まって最初の検討段階でツインタワー案の模型が並んだことからも、丹下は「超高層が乱立する新宿副都心の中でシンボル足り得るのはツインタワーである」と認識していたのかもしれない。また、ツインタワー案の上部はＯＵＢビルで試したように四五度ずつ振ることで複雑な形状を実現し、丹下健三らしい「ＫＥＮＺＯ　ＴＡＮＧＥ」ブランドの超高層を提案することになった。

丹下がツインタワー案の設計を進めるなかで問題となったのは、構造と外装の検討であった。まず構造からこの案を捉えると、二本の大きな柱状のコアが空に突き出て、その間をスーパーガーターと呼ばれる大梁が架けられている。このアイデアは東京計画１９６０での業務棟や山梨文化会館、オラン総合大学で用いられた三次元都市そのものであった。二本の大きなコアの内部には各々四隅に六・四メートル角の四つのボックス（組柱・マストコラム）が配され、最上階から最下階まで非常用階段と非常用エレベーターが収められている。しかし、ＯＵＢビルにならって途中階で平面が四五度振られ、高さに応じて壁面がセットバックするので、三次元都市らしさが弱まってしまった。

次いで、外装は、コンペ案の検討のなかで最も苦戦したテーマであった。要求されるさまざまな機能を超高層の各階に落とし込むことができても、ツインタワーにふさわしい外装を見いだすのは容易ならざる作業であった。結果的には、ＵＲＴＥＣ内のスタッフが日本の古建築の天井写真をコピーして、それをツインタワー模型に貼付けることで、デザインの糸口が見つかり、現在の都庁舎の外観をまとめるに至った。

一九八六年二月二五日、すべての参加者から案が提出され、URTECが最優秀案に選出された。コンペ後、丹下は自らの作品集の中で、この外装が「横長の窓、縦長の窓、あるいは格子窓などを内部機能に応じて用いることによって、江戸以来の東京の伝統的な形を想起させると同時に、世界でもっとも進んだ近代都市東京にふさわしいハイ・テックの表現でもあるかのようなデザイン」であると説明した。

しかし、丹下案を見た多くの論者は、その外装が歴史様式を散りばめたポスト・モダンである、と批判してきた。ここで、ナイジェリアの国会議事堂の外装を思い出せば、一定規模を超えた巨大な複合施設を計画する場合、内部の機能に即しつつ整った外装を生み出すことは至難の業であった。そのため、丹下は中東やアフリカの地域性や歴史性を抽象的にパターン化し、内部とは無関係なパターンを構造に貼り付ける手法を学習していた。新都庁舎ではこの手法を応用したに過ぎない。近代社会の終焉をデザインで訴える意図は毛頭なかった、と考えられる。

ここで中東やアフリカといった諸外国の都市と東京とを比較対照すると、いずれも丹下に要求されたのは巨大施設の設計・監理であった。一方の相違点として、王族や軍閥といった特権的な立場にある施主に捧げられた建築なのか、それとも不特定多数の市民に捧げられた建築なのか、が挙げられる。

さらに突き詰めれば、新都庁舎は東京都民のためにあるのか、それとも都民から選ばれた都知事のためにあるのか、という問いが導き出される。この問いは戦後日本の選挙制度の問題に直結し、一地方自治体でありながら、世界有数の予算規模を誇る巨大都市・東京の首長にどれほどの権力を集中させるべきなのか、という問いでもあった。

いずれにせよ、丹下は中東、アフリカ、シンガポールでの海外経験を新都庁舎において統合し、経済合理的なオフィスビルとは異質の、強いシンボル性を放つ巨大公共建築を実現した。

シンガポールとシンクロする東京湾

東京都庁舎コンペが終わって間もない一九八六年三月、民活法（民間事業者の能力の活用による特定施設の整備の促進に関する臨時措置法）が制定され、国は内需拡大のための政策立案に躍起になっていた。さきに触れた東京湾アクアラインは言うに及ばず、どの省庁から見てもお台場は内需拡大のための格好の敷地であった。

それに対して東京都は、臨海部へのさまざまな政治介入の危険性を察知し、都自らのイニシアティブを確保すべく、東京テレポート構想を拡大して新宿副都心と同規模の業務地区とする案を提出した。同年九月一二日には「臨海部副都心開発計画会議」の設置を決めている。しかし、同月二五日、金丸信《しん》副総理（当時）は鈴木都知事と共に東京湾をクルーズし、一一月二八日には国土庁、建設省、通産省、運輸省など関係省庁を取り込んだ「東京臨海部開発促進協議会」を発足させるに至った。

こうした事態を受けて、丹下は東京湾の将来像「東京計画１９８６」を世に問い、以下のような「東京湾特別市」の設立を提案している。

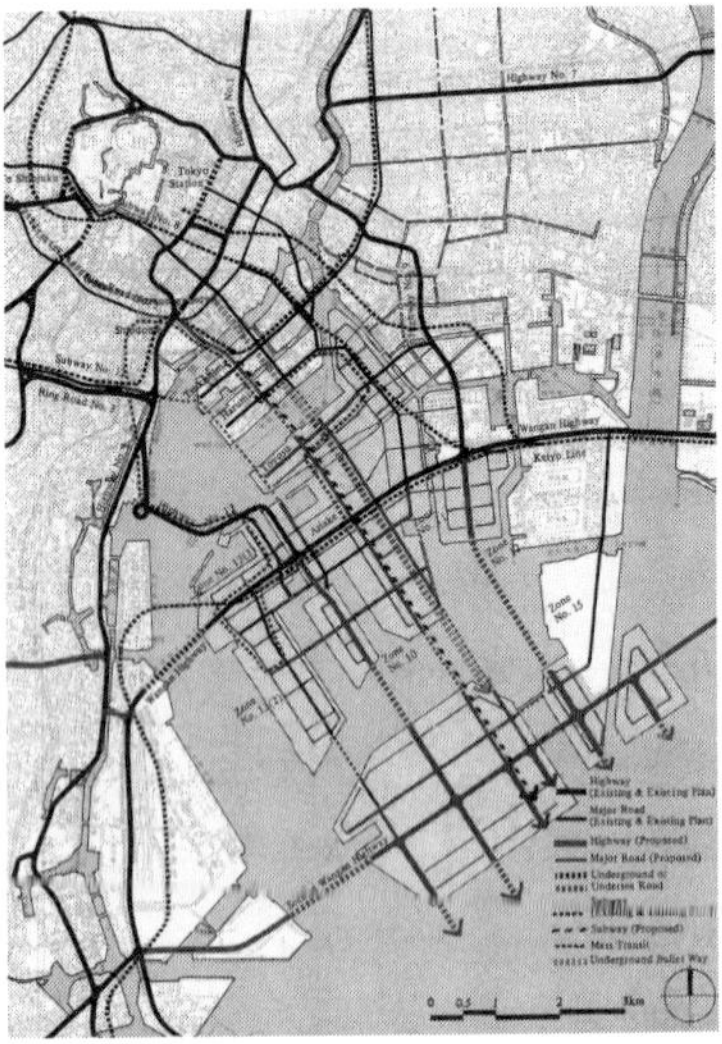

東京計画 1986．丹下都市建築設計提供

東京湾に面する三都県のいずれにも属さない特別市としての二十一世紀都市を提案したい。この東京湾特別市は、国際化と情報化の進む東京大都市圏の新たな中心核となる国際・情報・金融・業務のための都市で、そのための二十四時間国際空港や充分な住宅地と各種文化施設などを含む複合都市である。またここをフリーゾーンにできれば、開発

促進や、対外的な日本の市場開放の一助となるであろう。

「東京の将来を考える」一九八七年

丹下が東京湾に描いた二一世紀都市のイメージは、さきに触れたシンガポールの国際性と合致し、ＪＡＰＩＣの「東京再開発計画」とも共鳴している。ただし、ＪＡＰＩＣは環状八号線内の二四時間化と国際化をうたったが、丹下の「東京湾特別市」は東京湾内の埋立地に範囲を限定し、経済特区をうたっている点で、より現実的であった。丹下はこれまで日本社会を啓蒙し、東京湾上や東海道に軸線を引いてきた。八〇年代に入って、丹下はＪＡＰＩＣやシンガポールとシンクロするような軸線を東京湾上に引き直した、ともいえよう。

世界都市博覧会構想

一九八八年二月二日、鈴木都知事は東京での万博開催に言及し、同年九月に東京ルネサンス企画委員会は鈴木都知事の諮問に応じて「東京世界都市博覧会」構想を提言している。その位置づけは、東京から発信し、全国、世界の各都市と交流する国際的大規模イベントであり、東京テレポートタウン（臨海副都心）を中心会場とすることにした。これを受けて鈴木都知事は諮問機関として、東京世界都市博覧会基本構想懇談会（丹下健三会長）を設置し、その基本的構想づくりに着手している。

翌年七月に示された報告書の中で都市博覧会は「東京フロンティア」と改称され、三つの目的が記された。一つ目は、臨海副都心において二一世紀の世界都市像を内外に示すことである。二つ目は、この地域に調和のとれた集積と利便性を与える開発を進めることで、早急に東京の抱える課題の解決に近づけることである。三つ目は、既存の規制や基準に基づく都市計画に、地球的・未来的な発想と手法を取り入れ、人間と技術と自然が融合した人間都市のひな型を示すことであった。

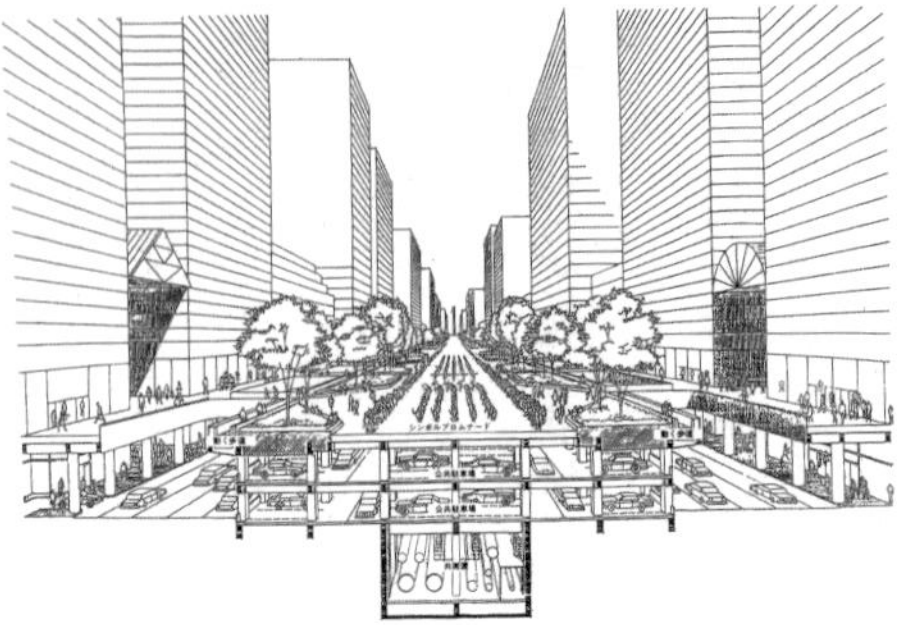

シンボルプロムナードの断面パース．「東京世界都市博覧会基本構想懇談会報告書」より

この構想は東京都の全庁的な推進組織、臨海副都心開発・東京フロンティア推進会議によって事業化検討が行われ、一九九〇年三月には財団法人東京フロンティア協会が設立された。この過程で都議会の中で臨海副都心開発への批判が強まったものの、一九九一年四月には鈴木都知事が四選を果たす。好景気に支えられ、民意を得た鈴

木都知事は、臨海副都心への住宅供給戸数を増やすこと、開発スケジュールを見直すこと、東京フロンティアの開催時期を一九九四年から一九九六年に先延ばしして内容を見直すことを条件に、臨海副都心開発を進めることとした。

しかし、一九八九年の年末、それまで四万円弱あった株価が急落、翌年一〇月には二万円を割り込み、バブル経済の崩壊が指摘された。これに連動して臨海副都心へのテナント出店者の撤退が相次いだものの、東京フロンティアの開催準備は着々と進められた。一九九五年の都知事選では「都市博中止、臨海見直し、二信組非救済」を選挙公約に掲げた青島幸男が当選を果たし、東京フロンティアの中止が決定された。

東京フロンティアで掲げられたテーマは、かつて大阪万博のテーマ委員会やサブテーマ委員会で議論された内容の反復と言いうるものであった。大阪万博は千里の一〇〇万坪の竹やぶを切り開いた未来都市であったが、東京フロンティアは東京湾の埋立地四四八ヘクタールを国際都市化する試みであった。大阪万博には「前代未聞」「前人未到」という言葉がよく似合った。しかし、東京フロンティアは国際金融都市シンガポールが先行モデルとなっており、既視感だけが残る結果となった。これは、現在もビジネス誌を彩る、さまざまな東京構想の雛形となっている。われわれの構想力は東京フロンティアの射程距離を抜け出ていないのが現状である。

第4章　丹下とどう対峙するか

——丹下シューレのたどった道

1 国土・都市・建築——浅田孝と下河辺淳

浅田孝

一九二一年、浅田孝は愛媛県に生まれ、旧制松山高校を経て、東京帝国大学工学部建築学科に進学した。そこには前川事務所を退職し大学院へ戻ったばかりの丹下がおり、浅田は八つ年上の丹下と建築論を戦わせ、大いに啓発されたと述懐している。一九四三年九月、大学を卒業した浅田は海軍経理学校を経て任官、呉海軍鎮守府の施設部に配属となった。その後、広島の山奥にある水力発電所の防衛工事を指揮していた頃、浅田は市街地への原爆投下の瞬間を遠望し、ただちに被爆地の罹災者救助にあたっている。

一九四六年三月、浅田は東大の大学院に戻るために上京したが、丹下は「徴兵させていた浅田孝君が、ある日突然ヒゲだらけの顔をみせ、「今日からここに泊まります」と宣言して私や当時大学院に入ったばかりの大谷幸夫君を驚かせたり喜ばせたりした」と再会の瞬間を綴っている。大学では岸田日出刀のもとで都市計画や地域計画の基礎を勉強し直すかたわら、浅田は丹下の片腕として丹下研究室の運営や設計活動を補佐することになった。同年の秋、丹下、浅田、大谷らは戦災復興院から広島の戦災復興計画の立案を依頼され、一カ月間、広島に滞在している。

丹下研究室での浅田の役割は、研究室で請け負った広島平和記念公園、図書印刷原町工場、香川県庁舎などの設計・積算・監理全般を統括し、社会経験に乏しい大学院生らを指導することであった。とくに浅田の本領が発揮された分野は、予算調整と統計数理的な都市解析であった。前者について、浅田は施主と施工者を前に工事契約の話合いを進めながら細部を詰め、二、三時間のうちに数千万円の工事費がみるみる下がっていった、という。また後者ついて、浅田は研究室内で行った戦後日本のオフィスビルの統計調査を踏まえ、経済が復興してオフィスビルが高層化する際、どのようなルールを設けるべきかを提言している。その内容は、一九五五年度日本建築学会高層化委員会の報告書にまとめられ、浅田は高

浅田孝と丹下，図書印刷原町工場にて．Ⓤ

層オフィスの面積に応じた必要駐車台数や公開空地の必要性を論じ、その後の都心業務地区のあるべき姿を先取りしている。

一方で、浅田は研究室の外でも活発に活動し、南極探検隊昭和基地の設計にも携わった。そもそもの発端は、下山事件の取材で知られる矢田喜美雄・朝日新聞記者が一九五七—五八年の国際地球観測年に際し、日本の観測隊を南極に送り込んで、朝日新聞がこれを後援する計画を練ったのが始まりであった。これに賛同した浅田は、南極探検隊が寝泊まりする昭和基地の設計を担うことになったが、この資材は全て観測船・宗谷に積み込み、現地で組み立てる必要があった。いうまでもなく宗谷には積載量の限界があり、昭和基地の部材はできるだけかさばらず、軽量で、観測隊員が瞬時に組み立て可能なことが要求された。浅田は持ち前の技術的センスと行動力でパネル式観測基地を完成させ、戦後日本のプレハブ住宅の礎を築いた。

原子力から銀河系まで

丹下が建築と都市と国土を結びつけようとしたのに対して、浅田の思考のスケールはそれを大きく上回り、より大きな全体から部分を把握しようとした。例えば、丹下がコルビュジエを真似て、自らのモデュロールを駆使して公共建築を作ったことはすでに触れたが、浅田は原子核の大きさから銀河系の宇宙の直径までを一〇の指数で整理し、一目で把握できる「浅田スケール」を編み出している。その中で、人間は二乗(百数十センチ＝一〇センチの二乗)、建築は三乗、銀河系の大きさは二四乗に該当する。

一九六〇年、浅田は世界デザイン会議に際し、槇文彦や黒川紀章、菊竹清訓といった若手建築家を組織し、メタボリズム・グループを結成した。この国際会議参会者向けに販売された冊子の序文には、以下のように書かれている。

「「メタボリズム」とは、来るべき社会の姿を、具体的に提案するグループの名称である。われわれは、人間社会を、原子から大星雲にいたる宇宙の生成発展する一過程と考えているが、とくにメタボリズム(新陳代謝)という生物学上の用語を用いるのは、デザインや技術を、人間の生命力の外延と考えるからにほかならない。したがってわれわれは、歴史の新陳代謝を、自然的に受入れるのではなく、積極的に促進させようとするものである。」(『METABORISM/1960』)

この序文は浅田スケールを言葉に置き換えたものとして解釈できる。例えば、広島への原爆投下を浅田スケールに照らして考えると、一〇のマイナス七乗の出来事(原子核の衝突)が一〇の五乗の世界(広島市街地)を一瞬に吹き飛ばしたことになる。そして、メタボリズム・グループの一員である黒川紀章がＤＮＡの二重螺旋構造を模したＨＥＬＩＸ計画を提案しているが、浅田からすれば、原子核のスケールが既存の都市を消滅させるのであれば、遺伝子のスケールから新しい都市を生み出すヒントを見つけてもおかしくなかった。科学技術の発展は止まることがなく、原子力から銀河系までさまざまなスケールで新しい発見がなされるが、浅田は旧来の価値観に縛られることなく、新発見をバネにして異なるスケールに果敢にジャンプし、よりよき未来を構想することを期待していた、と考えられる。

同様の逸話として、浅田は財団法人・国際文化会館の理事長だった松本重治に南極探検隊の話を面白おかしくしたところ、松本は「あなたは地球を全部デザインしているのか、動かしているのか、まったくわけがわからないですね」と呆れ果ててしまった、という。

心のスケール

ここまで、浅田の破天荒な思考回路に触れてきた。しかし、浅田は環境や子ども、障害者といった二一世紀の現代社会にとって当たり前のキーワードに誰よりも先に注目してきたことで知られる。一九六一年、丹下研究室から離れた浅田は、自ら環境開発センターを立ち上げ、香川観光開発計画、こどもの国、横浜六大事業などに深く関与した。

こどもの国は、環境開発センター設立前の一九六〇年、皇太子御成婚を祝して全国から寄せられたお金を基金に、皇太子夫妻の意向に沿って児童のための施設として建設される運びとなった。敷地に選ばれたのは戦前に弾薬庫として使われ、戦後に米軍に接収されていた横浜市郊外の三〇万坪の土地であった。浅田はこの施設のプロデューサーとして活躍し、黒川、菊竹などのメタボリストと共にこの施設の設計・監理を行った。

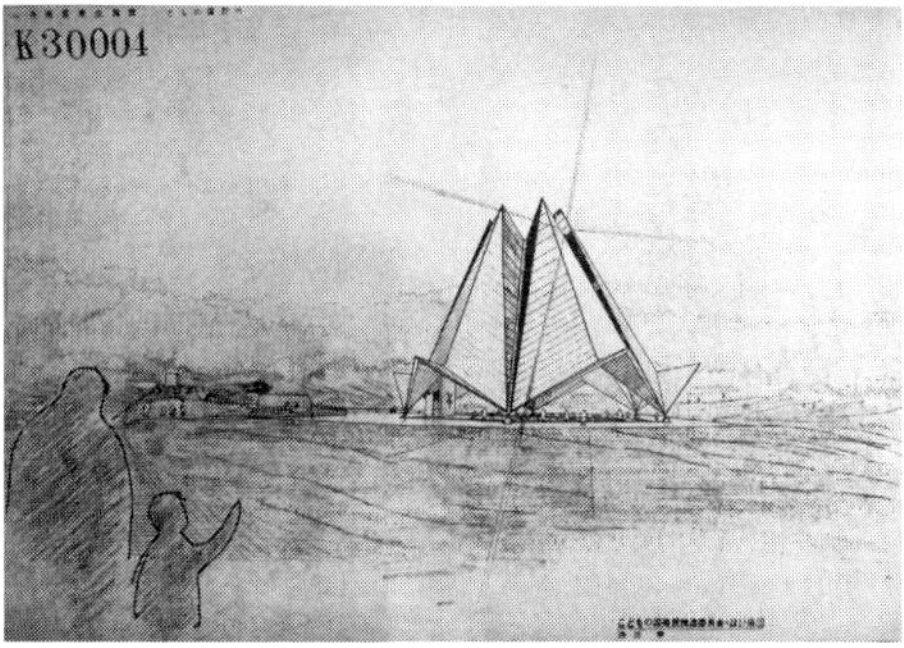

計画当初の「こどもの国」集会施設案.『こどもの国・諸施設マスタープラン』より

設計当初、浅田は弾薬庫跡地をそのままに活用することを主張したが叶わず、丘陵の高低、登降曲折の移り変わりに力点を置いて、四つの地域にゾーン分けを行った。一つ目のゾーン「広がりのある地域」は、正面入口の中央広場や自由広場など、スケールの大きい広々とした場所で、子どもの「心のスケール」までも大きくする。二つ目のゾーン「水を中心とする地域」は、人造湖や自然プールで水を中心とした遊びの楽しさを満喫できる。三つ目のゾーン「自然と産業の地域」は、自然のめぐみから牧場へ、牧場から乳へ、乳から乳製品へと、産業のしくみを体得できる。四つ目のゾーン「科学と文化の地域」では、自然の中で科学知識を身につけるのを目的として、交通訓練のためのセンターや図書館、林間学校などが設けられる。

こうした設計の背景として、浅田は子どもの遊びの中に現代社会を相対化する契機を見出していた。浅田によれば、子どもは自由な楽しみのためにのみ遊戯するが、大人にとっての余暇は生産と労働の余った時間に過ぎなかった。この結果、自然を楽しむ野外活動さえ形骸化・商品化され、リフレッシュさえ不可能な状態に陥る、と警告している。浅田はこうした危機的状況を突破する手がかりとして、こどもの国を位置づけたのである。

「広場と青空の東京構想」と丹下による批判

一九七〇年、美濃部亮吉・都知事は翌年の再選に向けて、浅田に選挙公約の作成を依頼し、一九七一年三月、市民参加を謳う「広場と青空の東京構想」(以下「東京構想」)が公表される。この都知事選では、三六〇万票という票を得て美濃部が勝利したが、「東京構想」の冒頭、浅田は公害や震災の危険にさらされる東京を、真に住み良い都市にするための二つの原則に言及する。

「第一の原則は、都民参加による都市改良である。そして次に第二の原則としては、シビルミニマム実現のための都市改良である。都民参加を象徴する、都民が大きく手をつなぐことのできる「広場」と、シビルミニマムの実現による生活環境の改善を象徴する「青空」とが新しい東京構想のテーマであることはこのためである。」(『広場と青空の東京構想試案』)

浅田は、第一の原則である都民参加が、戦前の富国強兵、戦後の国民総生産第一主義によって実現しなかったと振り返り、七〇年代以降は都市改良の根拠を資本の論理から市民の論理に転換を図りたいとする。また第二の原則であるシビルミニマムとは、一般に地方自治体が住民のために備えなければならない最低限の生活環境基準を指す。浅田は単に都民一人当たりの公園面積といった数値にだけ眼を奪われるのではなく、地域社会の特性に応じた基準設定が必要であり、シビルミニマム間相互の有機的な繋がりから都市改造を行うべき、と指摘する。

これら二つの原則に基づき、浅田は具体的な四つの戦略計画を挙げる。一つ目の「多摩連環都市計画」は立川・八王子・多摩近辺に高度な教育文化拠点を建設し、各拠点間を幹線道路やモノレールで環状に連結する。二つ目の「東部地域計画」は江東区近辺を防災拠点として開発し、生産機能の再編を促しながら、海と緑を結ぶネットワークを形成する。三つ目の「生活都心計画」は新宿を新都心と見なし、あらゆる階層、年齢の都民にとって有用なエリアとして開発する。四つ目の「臨海地帯計画」は、市民のための水際線の回復を目指し、自然とのふれあいやレクリエーションの場とするほか、埋立地を市民が直接利用できるようにする。この他にも、浅田は、米軍接収地の返還や木造賃貸アパートの密集地の改良計画などを列挙して、都民参加とシビルミニマムがいかに実現可能かを提案している。

選挙後、「東京構想」は大きな成果を上げることなく、浅田は美濃部都知事の参与を一九七三年に辞めている。「東京構想」を振り返って、元東京都職員で社会学者の磯村英一は「理想があっていいかもしれんけれども、構想だけをガァーッとやって、さあ広場になります、立川はどうなります、なんてイメージを都民に与えておいて、今日においては、それが全然ないということになったんじゃ、これは私は、一二年の業績としてはナンセンスじゃないか」と痛烈に批判している。また丹下も一九七〇年代の美濃部都政下で唱えられた市民参加の意義を認めつつ、その限界を指摘する。

都市環境に対する市民の関心の高まりとそれへの参加意識は今後の都市づくりにとって本質的に重要なことでありますが、しかしこの時機には多少の行きすぎのあったことも認めなければなりません。私は日本の都市環境の伝統のなかに私性が優先され、公共性がないがしろにされるということを述べ、克服されるべき伝統であると申しました。このことはここでの市民参加の仕方においても現われているのであります。日本の都市の構造変化は一人一人の細胞の新陳代謝を経ながら、いってみれば「ミニ再開発」の累積として都市構造を大きく変革してきたことを述べました。しかし一面より公共性と計画性をもった大中規模の「再開発」の必要は痛感されていたのであります。

「基調・記念講演」一九八〇年

丹下は、戦後日本において市民が各々の事情から建替えを繰り返した結果、ついには公共空間を持ちえなかった、と批判する。そして大所高所から公共性を鑑み、公共事業を具体的に実行できるリーダーシップの重要性を唱えた。

浅田的なボトムアップの市民参加と丹下的なトップダウンの政治主導のいずれが秀でているかを問うのは、ある種の踏み絵であり、その問いを答える前提として、東京を考えるためのデータが共有されてきたかを確認する必要がある。一般にこうした情報の共有ツールは、新聞、テレビ、ラジオといったメディアが挙げられる。これに対して、丹下は地域開発センターでプロ向けの国土開発地図を作成したものの、一般市民向けのデータではなかった。一方の浅田も、都の職員を駆動して収集した東京のメガデータを市民と共有し、更新する戦略を採らなかった点が悔やまれる。

つまり、浅田的なボトムアップの市民参加と丹下的なトップダウンの政治主導のいずれかを選ばせるのはある種のトリックであり、精度が高く分かりやすいメガデータの共有こそ、これからの地方自治のポイントであろう、と考えられる。

下河辺淳

一九二三年九月一日、東京は関東大震災に見舞われ、九月二日が生まれる予定日だった下河《しもこう》辺淳《べあつし》は母の腹から出ることができず、一カ月後に帝王切開を経て過熟児として生まれた。下河辺は東京帝国大学工学部建築学科に進学したが、丹下の指示のもと、東京の市街地が焼夷弾で焼かれていく状況を調査し、警視庁に報告する任務にあたっていた。これは学徒動員の一環で、下河辺は当時の様子を以下のように述懐している。

「空襲による火災現場に行くと、逃げていく人たちとぶつかり合うわけです。背負っている荷物に火がついているのに気づかない人、背中の赤ん坊に火がついているのを知らないまま逃げて行く人たちもいた。」(『時代の証言者七　下河辺淳「国づくり」』)

米軍による空襲で多くの一般市民が命を落としたが、下河辺は東京の地図の上に焼け跡をプロットするうちに、米軍が最小限の焼夷弾で最大限に市街地を焼くために、風向きや温度を考慮して焼夷弾を落としていることに気づく。焼夷弾が市街地に着弾すると、周囲の温度や風向きが変わり、延焼方向が決まるが、米軍はこの法則に従って着実に市街地を焼いていた。後に下河辺はGHQに呼び出されて、調査結果を話したところ、先方に非常に驚かれた、という。

戦後、下河辺は丹下研究室に在籍しながら、本郷文教地区計画に参加し、「都市に於ける工業地域構造に関する研究」と題された卒業論文をまとめている。この中で下河辺は明治以降の東京都の工場の分布図を作り、江戸から工業都市になったプロセスを追いかけている。大学卒業後、下河辺は戦災復興院（後の建設省）の傘下にある建築研究所に勤務したが、卒論での研究内容を大いに発展させ、部下の紺野昭と連名で一九六二年に学位論文「工業地の立地条件、計画単位、及び必要施設に関する研究」を東京大学に提出している。

この論考の一部を紹介すると、下河辺は東京二三区内に点在する工場を金属製品、機械器具、食料品、輸送機械、印刷、電気機械といった業種別に分類し、一平方キロメートルあたりにどれだけの数の工場が密集しているかを可視化していく。本来、同業者はライバルなので、同一エリア内に密集するのは商売上不利なはずだが、下河辺はこうした現象が生まれる法的、経済的要因をつぶさに分析していく。

分野別の工場集積分析以外にも、工業立地に関する緻密な研究が積み上げられた結果、郊外や埋め立て地に工業団地を誘致する際、敷地規模や生産規模に応じて道路、鉄道、ガス、水といったインフラがどれだけ必要となるかを割り出す目安が導かれることになった。一方で、下河辺は学位論文の末尾で「都市の工業化は市民生活の向上を目的とする一方法にすぎない点をとくに重視しなければならない」と釘を刺している。一般に工業団地の誘致は地域住民の雇用の場となり、地方自治体の歳入向上にも寄与するが、他の産業の労働

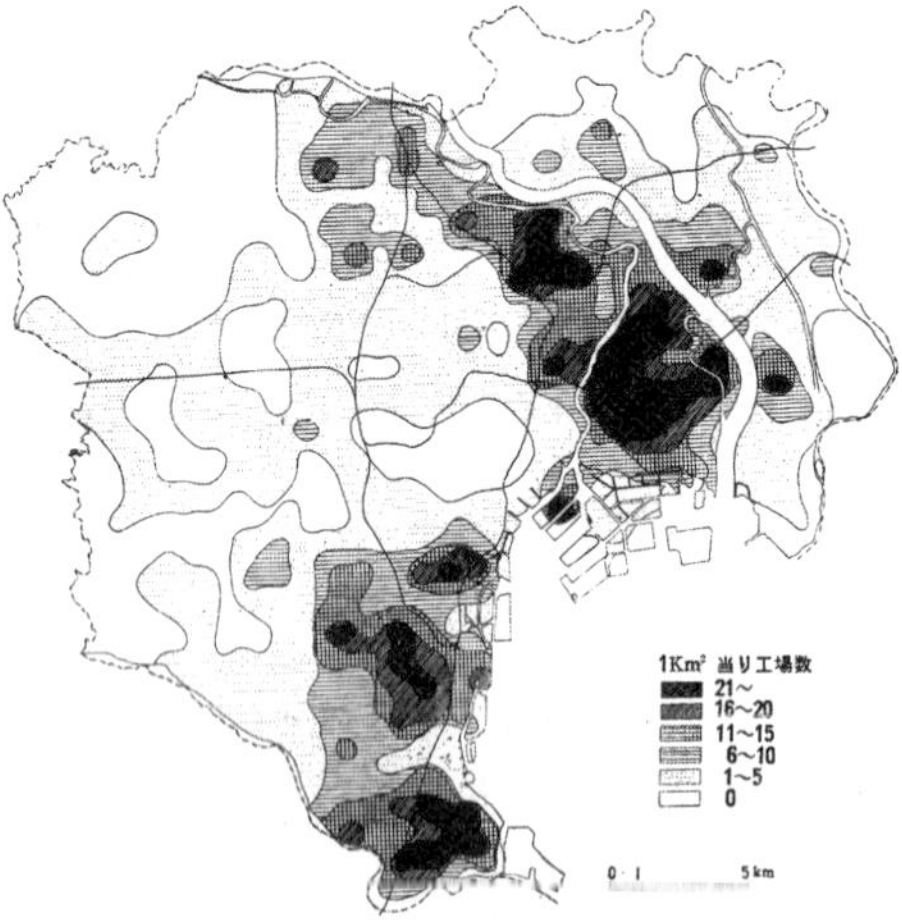

下河辺らによる東京都の工場分析.「東京都業種工場分布密度図：機械器具」より

人口を奪う。下河辺は地域に与える負の影響についても目配りを怠らなかった。

新全総

一九五七年から六二年まで、下河辺は建設省計画局に在籍し、四日市の旧海軍燃料廠《ねんりょうしょう》跡地の払い下げ問題に対応していた。この施設は戦前に国内最大規模の製油施設であったが、一九五五年の鳩山一郎内閣時代に民間企業に払い下げられることが決まっていた。当初、下河辺は、この跡地が工業基地としては狭いため、民間の一社に譲渡するのが妥当、と考えていた。しかし前首相・吉田茂が、敷地を細分化して、希望する民間会社すべてに譲渡するよう指示を出していた。このため、跡地に過剰な設備投資がなされ、さらにその周辺にも多くの石油精製工場、石油化学工場が誘致され、一大石油コンビナートが形成された。この結果、戦後日本の四大公害の一つに数えられる四日市ぜんそくが発生し、地域に豊かさをもたらすはずの重化学工業の集積が、一転して大きな批判を浴びることになった。

四日市の開発に前後するが、一九六〇年、池田勇人内閣は所得倍増計画を打ち出した。これを実現すべく、一九六二年に全国総合開発計画(以下、全総計画)が作成され、下河辺はその中心にいた。この計画のポイントは、工業の分散を図り、東京などの大都市と関連させつつ、周辺地域の特性を生かしながら連鎖反応的に開発を進め、地域間の均衡ある発展を実現することにあった。当時、多くの政治家や官僚は高度経済成長の実現を期待していたものの、本当に実現できるか半信半疑だったという。このため、外貨をより多く稼ぐために太平洋ベルト地帯の工業都市二カ所のインフラ整備を行い、生産性を上げる拠点開発が提案された。

しかし、この提案を受けて地域間の所得格差の拡大を危惧する意見が続出し、改めて全国各地に新産業都市を一〇カ所指定したものの、それらは太平洋ベルト地帯以外のエリアとなった。生産性のさらなる向上か、それとも所得格差の縮小か、という矛盾に苛まれながら、太平洋ベルト地帯も含む全国二一地区でインフラ整備が進められ、日本の高度経済成長を支えていった。

その後、さらなる経済成長を目指して長期計画が検討され、一九六九年に佐藤栄作内閣のもとで新全国総合開発計画(以下、新全総)が決定されたが、ここでも下河辺が企画立案の中心にいた。この構想は新幹線、高速道路等のネットワークを整備し、大規模プロジェクトを推進することで国土利用の偏在を是正し、過密過疎や地域格差の解消を目指すものであった。先の全総計画に比して、下河辺が新全総に込めた思いは深く、「日本の国土を五〇〇年にわたって役立てる大規模プロジェクトを議論すること」を目指したという。

一九七二年、田中角栄は首相になる際に『日本列島改造論』を上梓したが、その内容は新全総をなぞっているため、下河辺がこの本のゴーストライターとして疑われることもしばしばあった。これに対して下河辺は「中身は私たちが言っていたことがいっぱいちりばめられていますから無関係というふうに逃げようとは思いませんけれども、つくられたいきさつや動機が私たちとは相反するものであった」と釈明している。

東京一極集中批判

一九七三年のオイルショック後、新全総の骨格をなした大規模プロジェクトは鳴りを潜め、成長の限界、人口や産業の地方分散、国土資源や石油資源の枯渇といった議題が国土計画のテーマに上げられた。当時、国土庁計画・調整局長を務めていた下河辺は、三〇〇〇以上の市町村からなる四七都道府県を三〇〇の自治体に再編する構想を打ち出した。これは一九七七年に閣議決定された第三次全国総合開発計画で唱えられた「定住圏」構想に関係し、三〇〇という数字は江戸時代の藩の数に相当する、という。また地域の分割の方法は水系に基づいており、今日の市町村合併や地方分権問題の指針の一つになっている。

一九八〇年代に入ると、鈴木俊一《しゅんいち》都知事は新宿副都心に新都庁舎を移設し、丹下と共に臨海副都心計画に突き進んだが、下河辺は東京一極集中に対して批判的な立場を取っていた。下河辺は東京一極集中を、以下三つの視点から整理している。一つ目に、全世界から東京へ金融機能が移転し始め、世界都市化しつつあるものの、移民政策や治安対策が不備で、東京は英語が通じない初めての世界都市となろうとしている。二つ目に、大企業が中央官庁にコネクションを持つために本社機能を東京に置きたがり、東京一極集中の原因の一つとなっているが、企業と官庁との関係性の問い直しを提言している。多くの企業人がフェイス・トゥ・フェイスの重要性を唱えるが、下河辺は「毎晩飲みに行くとか、毎日陳情に行くということは、そろそろやめてもいいのではないか」と苦言を呈している。三つ目に、東京への人口集中が世界都市・東京の魅力に引きつけられて生じているのではなく、老いも若きも東京へ行けばなんとか食いつなげる、という消極的な姿勢によって生じていることに対して、下河辺は不安を吐露している。言い換えれば、地方が疲弊しているためにあてもなく東京に出て来てしまう現象を問うことこそ、東京一極集中の課題である、と指摘する。

下河辺は前記三つ以外に首都直下地震への対策を鑑み、首都移転論を展開した。具体的には東京から仙台へ延びる軸線上に、首都機能を予備的・段階的に作ってゆく「展都」と呼ばれる手法であった。その際、下河辺は首都移転の盛り上がりが各都道府県の知事の誘致合戦となったり、「何処の土地を買えば儲かる」といった不動産投機の判断指標に使われたりすることを強く懸念し、一〇〇年先の国土のあり方を問う視点の重要性を説いた。こうした思考は、下河辺が委員として参加した国会等移転審議会にも反映され、一九九九年に「栃木・福島」「岐阜・愛知」「三重・畿央」の三地域を移転候補地とする選定結果が小渕恵三首相に答申された。

しかしバブル崩壊により、首都移転の機運が消えてしまい、今日に至る。

全体から部分の把握

ここで、国土計画という全体から都市という部分のあり方を論ずるにあたって、歴史観がいかに重要かについて触れておきたい。一九四九年、丹下は建設省からの依頼を受け、仙台において「今日の住宅の状況」という題目で講演している。その中で丹下は、仙台を中心とする東北地方がいかに後進地であり、近代化から取り残されたかについて力説している。

仙台は東北という残念ながら見捨てられていた地方、労働の生産性のきわめて低い農村、それだけにまた、きわめて封建的な農村の真んなかに立っていたのであります。さらにこの地方の工業の生産力の水準もはなはだ停滞的でありまして、東北の電力の開発は進みましたが、その電力はむしろ京浜に送りこまれていたのであります。宮城地区は殆どその恩恵に浴さなかったのでありまして、工業の労働の生産性はここ二、三〇年の間—わが国の工業の労働の生産性は飛躍的に上昇した時期でありますが—停滞していました。(中略)とくに仙台のように封建的な—これはあるいは失礼にあたる批判かもしれませんが――それだけに民主的な力の弱いところでは、余計に潜在化してしまったことでしょう。しかも問題は解決されないまま、地下深い鉱脈のように横たわっているのであります。

「今日の住宅の状況」一九四九年

丹下の歴史観に従えば、日本が工業化するにあたって、東北地方は首都圏への電源供給地であり、労働力の供給源であった。また、丹下から見て、東北は社会の近代化を自らの力で成し遂げてゆくための基礎をもっていない後進地であった。こうした差別的歴史観は日本の近代と不可分であり、一九七〇年代以後、福島、新潟、青森に東京電力の原子力発電所が次々と設置されてきたことと「地下深い鉱脈のように」リンクしている。

一方で、戦後日本の工業化に誰よりも深くコミットしてきた下河辺は、仙台に対して全く異なる歴史観を持っていた。下河辺は日本の国土計画のモデルは伊達政宗であり、関東大震災の帝都復興を成し遂げた後藤新平と同様に政宗が重要だ、と強調している。政宗は仙台に港を築き、船を建造し、一六一三年(慶長一八年)に支倉常長をスペインへ派遣して、自ら外国との交易を目論んだ。しかし常長が渡欧中、徳川幕府はキリシタンを弾圧し、政宗の試みは失敗に終わったことで知られる。

日本国内という狭い視点で物事を考えず、グローバルな交易の中に日本の可能性を見いだし、資源を輸入し、付加価値の高い製品を作り、それを輸出することで外貨を獲得し、豊かさを再配分することを国土計画の基本とみなせば、政宗の試みはまさに国土計画の鑑であった。そして政宗の試みは、下河辺が戦後の日本で行った港湾開発の歴史とピタリと重なり合うのである。丹下の指摘するように、東北地方は明治以後の近代化の中で遅れた地域であった点は否めない。一方で下河辺のごとく、より広い視野とより長い歴史観の中で東北を評価することも可能であろう。東京一極集中か、はたまた地方分散か、という問いと同様に、東北に関して対立する主張を立体的・複眼的に捉え、持論を展開させる歴史観こそ、戦後日本を構想する力の源泉であったと考えられる。

2　部分から全体への回路――大谷幸夫と槇文彦

大谷幸夫

一九二四年、大谷幸夫《おおたにさちお》は医師の子として東京で生まれた。一四人兄弟の一一番目であった。大谷は幼い頃から体が弱かったが、戦前に東京帝国大学工学部建築学科に進学し、丹下研究室

左から丹下，浅田，河合正一，大谷幸夫．東京大学にて．Ⓤ

の初代の卒論生となり、その後大学院特別研究生として研究室に残った。大学を卒業した一九四六年、大谷は、丹下や浅田らと共に広島に入り、復興計画の立案を手伝った。三年後に開催された広島平和記念公園コンペの際、再び大谷は広島を訪れたが、その時の様子を以下のように述懐している。

「広島のコンペに同行したときも、コンペの原点を考え続けた。見渡す限りの焼け野原の中に、亡くなった方の死骸が累々とあり、大地を覆っている。そこに何を描くか。設計に行き詰まると死骸が埋まった市街地に戻り、もう一回、その建築が何のためにあるかを考え続ける。原爆で皮膚が剝けて、赤マントを羽織って歩いているように見えた。皮膚が落っこった人が川にいた。そのような風景は忘れられません。原爆の犯罪性は極まっていた。そういう場所で、僕たちはコンペで争って、残った。」(『建築家の原点』)

広島コンペに勝った後、大谷は丹下、浅田の指示のもと、図面作成に取り組んだ。こうした経験を踏まえ、大谷は、丹下の設計の特徴について、「何を言いたいのかはっきりしており、この地域が何を骨組みとして支えられているかという要点を把握するのが速くて的確だったため、強いリアリティーがあった」と指摘している。また、研究室内でイサムノグチが慰霊碑の模型を作成したことは第1章で触れたが、大谷はその模型が被爆者の「剝き出しの内臓のよう」に見えた、という。

広島平和記念公園の現場工事が始まっていた一九五二年、丹下研究室は東京都庁舎のコンペでも一等に選出され、一九五七年に竣工する。大谷は都庁舎の現場事務所で監理業務にあたったが、第1章で触れたとおり、当時の窓のサッシュや外装のルーバーが鉄製で、雨水の処理が容易ではなく、すぐに錆びてしまった。現代であれば複数のメーカーのカタログを取り寄せ、値段と性能が妥当なものを選べば済むが、一九五〇年代にはアルミサッシュも流通しておらず、日本中のどのメーカーも丹下らが要求する技術を持ち合わせていなかった。

大谷は広島平和記念公園や都庁舎に丹下の設計意図が十分に反映されているものの、「部分の真実」に支えられていないと感じていた。一方で大谷は、木造が長年にわたって職人たちが作り上げてきた技術体系で、信頼に足る部分に裏打ちされている、と評している。

「部分の真実」としての市民と町家

一九六〇年、丹下研究室から独立した大谷は、自宅にこもって「麴町計画」と呼ばれる集合住宅の計画を立案している。そもそも麴町は江戸時代に作られた町人町であったが、この計画は町家と通りをヒントに、「住宅とみせ、あるいは仕事場が併存する下町的な住居を基礎単位として、それらの集合による市街地形成を模索」している。

この計画の特徴を理解するために、公団住宅、東京計画1960、町人町とそれぞれ対照してみたい。まず、当時の公団住宅は、高層住宅棟を計画し、棟の間を緑化スペースと駐車場で埋めるのが一般的であった。これに対して、大谷の計画では麴町通り沿いにはオフィスや店舗を含む五―七層の棟が立ち並び、その背後には中庭付き三層住宅が群をなしている。この三層住宅は中庭により日照、通風、プライバシーを自立的に確保でき、一階をピロティとすることで近隣との交流も絶やすことがなかった。大谷は都庁舎の設計に「部分の真実」が欠けていると感じていたが、「麴町計画」では「部分の真実」を市民一人、一家族の生活実感に求め、ここを出発点にして都市をいかに構想するかがテーマとなった。

次いで、東京計画1960は、麴町計画とほぼ同じタイミングで丹下研究室から発表されたが、大谷はこれに否定的であった。というのも、東京計画1960は人間が東京湾上に建つ高層集合住宅に移り住むことがテーマであったが、大谷はそこに「部分の真実」が抜け落ちていると感じていた。大谷自身は病弱で徴兵を逃れたが、大谷の同級生の多くは海軍に召集された。彼らにとって、海面上での生活とは軍艦上での生活を指し、日課としての甲板掃除が強く連想されたであろう。ここから東京計画１９６０の海上生活を推し量ると、居住者は潮風にさらされてベタベタになった床や壁を日々掃除することになる。そういうものに大谷はリアリティを感じなかったのかもしれない。

三つめの町人町について、大谷は過去の都市と現代都市のデザインの関係を以下のように位置づけている。

「いつも新しいデザインをしているように見えても、先行しているあるものを顕在化させるとか、あるいは分解してある特定の要素に組み替えるというようなことをやり、それを新しいシステムの考え方で、あるいは構造で支え、新しいデザインや様式を定義することを歴史は繰返して来た。そのような意味で、古いものを意味がないとして捨てることはやめたほうがよい。むしろ、古いものが持っている性質や形態を受け継ぎ、新しい組織に組み替えていくことこそがデザインの本質なのである。」(『都市空間のデザイン』)

かつて、丹下は建築の伝統と近代主義を考えるにあたって、伊勢神宮や桂離宮といった日本建築の古典をプロトタイプとみなすことで、日本の近代建築文法を編み出そうとした。これに対して、大谷が注目したのは伊勢や桂に比して無名に近い江戸の町人町であった。そして、大谷は町人たちが長い時間をかけて生み出したデザインや生活様式に「部分の真実」を見出し、それを近代建築の中に蘇生しようと試みたのである。

「広場と青空の東京構想」への支持

一九七一年、浅田孝が美濃部都知事に依頼されて「広場と青空の東京構想」を立案し、都民参加によるまちづくりを掲げたことはすでに触れた。この時、美濃部の対抗馬として立候補した元警視総監・秦野章は「四兆円構想」なる東京大改造計画をぶち上げていた。

秦野の構想では、首都高や環七の上空に超高層を建設し、立体活用することで東京を再活性させることが目論まれた。大谷は秦野の「四兆円構想」を批判する論陣を張り、美濃部への支援を鮮明に打ち出した。というのも、大谷は東京・赤坂で幼少期を過ごし、赤坂界隈で道に迷うことはなかったが、赤坂見附に首都高速道路ができて以来、堀や石垣がなくなってしまい、道に迷うようになっていた。「四兆円構想」は経済優先の都市改造の極みであり、大谷は近世以来つづく江戸の記憶が消えてゆくのを拒否しようとしたのである。

また、大谷は、歴史的町並みの保存運動に強い関心を寄せていた。一九六〇年代後半に始まる伝統的な町並みの保存運動は住民参加によるまちづくりの先駆けであった。当時、高度経済成長に伴い、明治・大正からつづく古い町並みの多くは壊され、コンクリートのビルやマンションに建て替えられた。また、建築基準法に適合しない古い町並みは火災や地震に弱く、現行法規に適合しない厄介者として扱われた。

こうした流れに抗して、住民自らが発起し、自主的な防災組織を立ち上げ、古い町並みを守ろうとする運動が全国でわき起こっていった。大谷は、住民たちが守る日本の街並みや民家にこそ、近代都市計画が失った「部分の真実」が根付くとして、以下のように説明している。

「建築が周囲の自然や町並みと応答している、その呼び掛け合う声が聴こえるような思いがした。そして、茅葺きの農家のなかには、嵐のなか、山野を疾走する猪の姿を彷彿とさせるものもあり、そこには、雄々しさ荒々しさの中に、孤独なものの哀れを感じさせるものがあった。何時の頃かは定かではないが、私の想念の中に固まりつつある建築像は、日本の民家や町並みの、こうした生きざまに強く影響されたように思われる。」(「私の中の建築」)

美濃部が秦野を破った都知事選から四年後の一九七五年、文化財保護法の改正によって伝統的建造物群保存地区制度が発足し、城下町、宿場町、門前町など全国各地に残る歴史的な集落・町並みの保存が図られるようになった。

沖縄コンベンションセンター

一九八七年、大谷の設計により沖縄コンベンションセンターが竣工したが、有機的な曲線が組み合わさった大屋根を見て、多くの識者は驚きを隠さなかった。この施設の構造設計を担当した青木繁も、最初に大谷のデザインイメージを見せられた際、「なぜこの形態なのかという思いと、構造合理性との隔たりに対する懸念」が心に浮かんだ。というのも、それまでの大谷のデザインは京都国際会館に代表されるように、近代的で直線的な建築言語を駆使して、合理的でダイナミックな空間を追求する印象が強かったためである。

モダニストであった大谷が、自らのスタイルを捨ててまで沖縄で大胆な曲線を用いたのは、先の大戦中、沖縄で犠牲になった人々を灼熱の太陽から守るよう、大きな葉を何枚も重ねたシェルで覆いたい、という強い思いからであった。大谷の思いを聞き届けた青木は、それまでの当惑と懸念が納得と意欲へと変貌し、大谷に心から共感してこの施設の構造設計に取りかかった。

晩年、大谷は沖縄コンベンションセンターにおける慰霊空間と広島平和記念公園における慰霊空間との違いについて問われ、以下のように答えている。

「沖縄コンベンションセンターがどこに立脚し、「誰にものをいっているのか」「誰に捧げられようとしているのか」というのが設計の基本にありました。確かに「広島平和記念公園」は現代を生きる人々が平和を祈念するにはふさわしいけれど、「亡くなった人々はどうなるのだろう」という疑問を感じていました。」(「大谷幸夫インタビュー」)

毎年、八月六日には広島平和記念公園で戦没者慰霊祭が開かれ、遺族のみならず、平和を訴える市民が全国から多数詰めかけ、反核運動を世界へ発信する拠点となってきた。この意味で、広島平和記念公園は「平和を生産する工場」として立派に機能を果たしてきたし、これからもますます重要な役割を担うであろう。しかし、原爆で亡くなった人々はどこに行ってしまったのか。イサムノグチの慰霊碑が被爆者の内臓のように見えた大谷にとって、抜き差しならない問いであった。

沖縄コンベンションセンター．minime/PIXTA

大谷が沖縄コンベンションセンターで問いたかったのは、戦後の日本が沖縄に対して何らの謝罪を行ってこなかったことであった。大谷は先の大戦で命を落とした戦没者たちに日除けのシェルターを捧げることに全力を傾けたのである。沖縄コンベンションセンターは、戦没者たちの霊が今も癒されぬまま、沖縄の灼熱の太陽を浴びつづけている、という大谷自身の歴史認識を建築化したものであった。

槇文彦

一九二八年、槇文彦《まきふみひこ》は東京の山の手に生まれた。槇にとって、東京の原風景とはくすんだ茶、灰色の建物と、その背景としての濃い緑だった。しかし、幼い槇が遭遇した土浦亀城《かめき》邸(一九三五年竣工)は白いモダンな住宅で、開放的、魔術的な魅力をはらんでいた、と述懐している。その後、槇は東京大学工学部建築学科へ進学し、同級生の石川忠志と共に卒業論文「高層建築物の空間の性質に関する諸問題」を書いている。このテーマは丹下から与えられたもので、槇はオフィスの都市における成立過程や、前提条件、投資者の経済的要求を整理し、オフィスの収益性に関する指標を研究している。

一九五二年の春に大学を卒業した槇は、渡米するまでの四カ月間、丹下研究室に在籍した。

その頃の丹下研究室は多くのコンペに取り組んでいたが、槇の印象に強く残ったのが、外務省庁舎コンペの手伝いであった。外務省庁舎コンペでは都庁舎の骨格となるコア・システムが導入され、広島平和記念公園で用いられていた丹下モデュロールをベースにデザインが検討されている。当時、アメリカの組織設計事務所ＳＯＭでもコア・システムを用いて超高層ビルを建設しており、丹下研究室ではアメリカの最先端を追いかけることに余念がなかったのである。

槇は渡米後、ハーバード大学で世界的な建築家のもとで建築を学び、一九五九年から一年かけてグランドツアーに出かけた。グランドツアーとは、一七世紀末以後にイギリスの良家の子弟が古典教養を習得するためにパリやローマを訪れ、古代遺跡や諸芸術にじかに触れる旅を指す。槇はヨーロッパにとどまらず数々の都市を巡ったが、その際に中近東から地中海沿岸にかけて展開する集落の姿に眼を奪われ、以下のように叙述している。

「日干し煉瓦を下地にした漆喰の塗壁と瓦屋根で構成された民家群が、複雑な地形に対しても、単純なかたちを自在に組み合わせながら、集合体として極めて魅力的な全体をつくり出していた。とりわけ私を感動させたのは、そこにある基本的な型、たとえば小さな庭を囲むかたちで幾つもの個室が庭に向かって設けられるという、極めて単純な空間の形式を基本にしていることであった。」（「群造形との四十五年」）

槇文彦．読売新聞社提供

槇は基本的な型が緩やかに組み合わさることで魅力的な全体を構成する方法に強い関心を示し、アメリカに帰った後、「集合体について――集合体に関する三つの典型」という論考をまとめた。そこで示された一つ目の典型は、コンポジショナル・フォームと呼ばれるものだった。具体的には、建築家オスカー・ニーマイヤーがブラジルの新首都ブラジリアで行った手法で、象徴的な建物が各々独立性を保ち、それらをつなぐ要素が付加されて集合体となる。二つ目の典型はメガ・フォームと呼ばれ、骨格によって全体を描き、そこに要素を充填していく方法を指す。例えば、丹下研究室で提示された東京計画１９６０などが該当する。三つ目の典型はグループ・フォーム（群造形）と呼ばれ、先に挙げた集落のごとく、「共通因子はそれを次々とつなげていくことにより見えざる骨格を形成して行く」ことになる。

槇の代表作が次に触れる代官山ヒルサイドテラスで、グループ・フォームに基づいているが、槇自身には他の二つの類型を否定する意図はなく、相対的に各典型の特性を明らかにし、どのような文脈であれば、それぞれが有効かを考えるためのロジックであった、という。こうした相対的な論の運びに、いつでも自分自身の方法を客観視する、槇特有のクールさがにじんでいるように思える。また、槇が大谷と同様に中庭型の集合形式に興味を持ったのは大変興味深い。

微地形の読解

一九六〇年代、槇はアメリカで教鞭をとった後、帰国して自らの設計事務所を立ち上げた。その頃、槇が取り組んだのが名古屋大学豊田講堂で、ＲＣ打放しの構造体をしっかりと表に出す方法を試している。一方で槇は、先に挙げたグループ・フォームの発想を代官山で四半世紀以上にわたって実践し、具体化してきた。その際、槇がとくに注意を払ったのは、代官山に残る塚、樹木、穏やかに湾曲する道路、わずかな起伏といった微地形の集積であった。

この設計姿勢はコンテクスチュアリズムの一つとして位置づけられるが、槇は地上レベルのわずかな変化を操り、街路を歩く人と建物の中にいる人の視線の交錯を巧みに仕掛けていった。代官山計画は近代建築の文法が一貫して採用されたが、江戸以来の微地形と建築の間合いや、内と外の良好な関係に力が注がれ、東京の一等地に良質な集合体が形成された稀有な事例、といえよう。

こうした取組みは建築に反映されるにとどまらず、一九八〇年に著書『見えがくれする都市』の中で日本文化論としても展開された。槇は事務所のスタッフらと共に江戸の町づくりに現れた固有の空間形式と秩序のあり方を分析し、それがどのように今日的意義をもつかの問題提起を行っている。槇は、日本各地に見られる、山を背にして田園と家屋群が里を構成する村落コミュニティを重視し、これを「奥」の思想を育む基盤として見出そうとする。

というのも、多くの場合、山沿いの街道筋に配列された集落に対して、それに直角方向の山裾に鳥居と神社が配されたが、村人はその「奥」のエリアに神や彼岸の存在を感じ取ったと考えられる。槇は、宗教性を帯びた「奥」の思想が日本の地域社会の隅々に深く根付いた過程を、以下のように推測している。

「屋敷の片隅の盛上った場所に祠をたて稲荷塚をはじめとする屋敷神を祭ったように、盛上った地形は地霊がこもる場所と考えられ、生い茂った緑はこもるにふさわしい自然の奥深さを意味していた。それは僅かな地形の変化、樹木の存在、見晴し、湿り気等、自然がつくり出す微妙なニュアンスの象徴化である。」(「奥の思想」)

「奥」の思想が世に出てすでに三〇年以上の月日が過ぎ、グローバリゼーションの名の下に均質な価値観が世界中を覆い尽そうとするが、公共施設を設計する場合、地域の固有性として何を選び出し、グローバリゼーションといかに統合していくかが重要となる。この時、地域性を反映した柄をパターン化して、建物に貼り付けるのではなく、地域の構成要素を繊細に読み解き、活かそうとする槇の問題設定は、現代性を帯びているといえよう。

一方で、槇が日本の都市の「奥」を問うた頃、磯崎新はパリで開催されたMA展を通じて日本建築の「間」を問い、黒川紀章は「利休ねずみ」というキーワードで日本的な建築の特質に迫ろうとしていた。磯崎、黒川の日本論については後述するが、三者三様に展開される日本建築への視座は、丹下シューレがグローバルな建築家として活躍するために避けて通れない問題設定であったようにも思える。

都市景観論の実践

一九九〇年、千駄ヶ谷に東京体育館が竣工したが、槇はその設計の説明を始めるにあたって、当該敷地の三つの特徴を挙げている。一つ目に、明治神宮の外苑の一端を占める都市公園の中に建設されるため、一九九〇年代の都心の中では十分な広さがあった。二つ目に、敷地周辺には首都高、JR、国立競技場、オフィス群、鳩森神社など、スケールも歴史背景も全く異なる施設が散在し、かつ高低差のある地形によってさまざまな景観が次々と現れる。三つ目に、四〇〇〇席の既存体育館を八〇〇〇席まで拡大しつつ、高さは景観を配慮して既存体育館と同じ

空から見た東京体育館．読売新聞社提供

三〇メートルに抑えることが要求された。

次いで、施設計画について、この体育館にはメインアリーナの他にもサブアリーナやプールなど複数の施設が要求されていた。このため槇は、周辺への影響と訪れる人々の視線を考慮して、円形、ジグラッド、ピラミッド、方形といった象徴的な形を分散配置し、それらの間を回遊できるようにした。これは先に挙げたコンポジショナル・フォームに属すると考えられ、代官山計画とは全く異なる手法で、魅力的な都市空間を実現している。

とくにメインアリーナは直径一二〇メートルの円形として配したが、これを覆う屋根として一本のキールアーチを用いるのではなく、複数のアーチが木の葉状にもたれ合い、周縁をテンションリングで締める工法が採用された。これにより大きなボリュームを持つにもかかわらず、高さ条件をクリアすることができた。

槇と共に『見えがくれする都市』を執筆した建築家・大野秀敏は、丹下の設計した国立屋内総合競技場と槇の設計した東京体育館を、形状、崇高性、都市の公共性という三点から比較対照している。一つ目の形状について、丹下による形状は日本の宗教施設を連想させ、英雄的で総合的であるのに対し、槇によるそれはＵＦＯやピラミッドといった関係性の薄い形で構成され、多義的で偶発的であった。二つ目の崇高性について、丹下による体育館は見る者に畏怖の念を感じさせるが、槇の体育館は訪れる者に親しみやすさを感じさせるとし、大野は「忘れ難き情景を作り出す」槇の試みを高く評価している。これは先に代官山の計画で触れた、地上レベルのわずかな変化を操り、街路を歩く人と建物の中にいる人の視線の交錯を巧みに仕掛けていく手法にも関係している。三つ目の都市の公共性について、丹下は群集としての市民が有機的に統合された都市・建築とどのように関わるかを問題にしたが、槇は個人としての市民が公共スペースとどのような関係を持つかに注意を払ってきた、と説明している。

新国立競技場への異議申し立て

東京への二〇二〇年夏期オリンピック招致をにらみ、二〇一二年七月、新国立競技場のデザインコンペの募集要項が日本スポーツ振興センター（ＪＳＣ）から公布され、同年一一月一六日、女性建築家ザハ・ハディド氏の案が最優秀に選出された。翌年九月七日、ブエノスアイレスで行われた第一二五回ＩＯＣ総会で東京へのオリンピック招致が決定し、ザハ案の建設が進むものと思われた。しかし、それに前後して同年八月一五日、日本建築家協会の機関誌に槇によるエッセイ「新国立競技場案を神宮外苑の歴史的文脈の中で考える」が掲載され、新国立競技場問題がにわかにクローズアップされることになった。

同年一〇月一一日に同題のシンポジウムの中で槇は、五つの論点から新国立競技場の問題点を指摘している。一つ目の論点は、都市景観の作法であり、ザハ案には都市景観への配慮が全く欠如し、そもそも模型提出を求めなかったＪＳＣを批判している。先に挙げた東京体育館の設計の際、槇が周辺環境への配慮に細心の注意を払っていたことを想起すれば、当然の指摘であった。二つ目の論点は、敷地のゆとりが欠如している点で、第2章で触れたとおり、一九四〇年夏期東京オリンピックを招致した際にも、岸田日出刀が指摘していた問題であった。

三つ目の論点は、神宮外苑の歴史性と景観の理解が欠如している点である。四つ目の論点は、ＪＳＣがコンペ時に要求した募集要項があまりに過剰であり、建設後の運営と維持が難しいという点である。ここに記された要求施設規模がザハ案を巨大化させた主要因であり、主催者のＪＳＣや専門委員の不見識ぶり、無責任体制が問われる事態となった。五つ目の論点は参加資格問題で、著名な建築家以外を門前払いするＪＳＣの閉鎖的な姿勢が指弾された。

その後、槇の問題提起はマスコミで大きく取り扱われ、コンペ当初に一三〇〇億円とうたわれた総工費が積算の結果、二五二〇億円に膨らむなど、ＪＳＣの見込みの甘さが露呈した。この結果、二〇一五年七月一七日、安倍首相はザハ案の白紙撤回を宣言するに至った。

3　父殺しとポストモダン――磯崎新と黒川紀章

磯崎新

一九三一年、磯崎新《いそざきあらた》は大分県に生まれた。一九四五年七月の大分空襲で自宅は全焼し、翌八月、松根油を採取するために丘の松を切り倒していたところで、磯崎は玉音放送を聞いている。その後、磯崎は東京大学工学部建築学科に進学し、丹下研究室で卒業論文「高層建築の諸問題スカイスクレーパーの史的分析」をまとめている。この成果は丹下研究室のメンバーらと共に寄稿した「コアシステム　空間の無限定性」(『新建築』一九五五年三月号)に反映され、アメリカの超高層ビルをオフィスレイアウト・構造・空調といった、さまざまな視点から分析を行っている。

卒業後、大学院生として丹下研究室に残った磯崎は、広島平和記念公園、旧東京都庁舎、香川県庁舎の設計に携わる一方で、国際建築学生会議の日本側の取りまとめを行っている。その際、磯崎は、京都大学の西山研究室にいた絹谷祐規と共に、国際建築学生会議報告書「現代建築と国民的伝統」を執筆した。

この会議はイタリアのローマ大学の学生らが中心となって組織された団体で、ムッソリーニ体制下で近代建築がファシズムに奉仕したことへの反省から、戦後イタリア建築は地域に根ざした伝統を建築に反映させるべきではないか、と議論されていた。同時に、共産主義にシンパシーを持つ建築家たちはソ連の建築に注目していたものの、スターリン体制のもとで近代建築が粛正され、人民の宮殿と称して新古典主義のデザインが復活した状況を評価するか否か、が問題となっていた。

戦後日本の「現代建築と国民的伝統」という問いに対して磯崎は、戦前の日本建築が伝統に回帰してファシズムに奉仕したことへの反動から、敗戦直後の日本建築では、「伝統よりの隔絶」が叫ばれたと指摘する。その後、アメリカナイズされた近代的オフィスや、和風料亭の如き超高級住宅、合理主義を標榜する実験型住宅などが作られたが、どれも国民の実生活から乖離していた。これに対して磯崎は、日本における「現代建築と国民的伝統」の可能性を丹下による広島平和記念公園に見出している。

一九五六年、磯崎は丹下研究室に在籍しつつ、研究室以外のメンバーらと共に日本共産党のための総評会館の設計に取り組んでいる。ここで磯崎は師である丹下の設計手法を乗り越えるべく、集団設計に取り組み、使い手である共産党幹部へのヒアリングを重視した。磯崎は、共産党幹部の口から先進的なデザイン指針や深淵な芸術哲学が示されるものと考え、「どのような建築がいいか」を聞いたところ、当の幹部から「どこどこの田舎の旅館の床の間が最高だ」という答えが返ってきた。この瞬間、磯崎は幹部たちがコミンテルンの指導だ、矛盾論だ、と議論してはいても、日本の風土の中でそれを建築に反映しようとすると、超成金趣味のスターリン主義に陥ることを知る。この経験から磯崎は「民衆と話し合えば良い建築ができる」という設計手法は幻想であり、これを大衆万能主義として批判するに至った。

磯崎新．朝日新聞社提供

「ふたたび廃墟になったヒロシマ」と「MA」展

丹下研究室の誰よりも文才に恵まれた磯崎は、設計のかたわらで精力的に執筆活動に取り組み、またアーティストとのコラボレーションにも長けていた。この点で、磯崎は建築家であると同時に、文人であった。

一九六八年、磯崎は丹下のもとで大阪万博お祭り広場のソフト開発を担当し、さまざまなジャンルの現代アーティストの参加できる企画を立案している。これと同時期、磯崎はミラノ・トリエンナーレの招待作家部門の一人に選出された。主催者側からは、メタボリストをはじめとする日本の都市デザイナーらの作品との関係を展示してほしい旨連絡があったが、磯崎は菊竹や黒川らによる都市ビジョンが全く不毛に思え、白紙還元された都市を設定して、そこから抽出された情念を展示すべきと考えるに至った。

この結果、磯崎は一柳慧《いちやなぎとし》、杉浦康平、東松照明《とうまつしょうめい》といったアーティストの協力を得て会場構成を行ったが、会場の中心には「ふたたび廃墟になったヒロシマ」と題されたモンタージュ（ヒロシマの焼土を撮影した写真の上に、廃墟と化した未来都市の構築物をモンタージュしたもの）が大きく展示された。

また会場内には複数枚の湾曲したアルミ面に地獄絵や妖怪が描かれ、それらが赤外線カウンターに連動して回転するよう設置された。ここで示された展示アイデアは、お祭り広場のテクノ・ユートピアとは対極にあるものの、共にテクノロジーの究極的な到達点を指し示した。言い換えれば、丹下にとって大阪万博お祭り広場がテクノロジーによる未来都市の建設であるの

ふたたび廃墟になったヒロシマ．磯崎新アトリエ所蔵

に対して、磯崎のミラノでの展示はテクノロジーによる現実の都市の消滅であり、メタボリストに対する「メメント・モリ」(死を忘れるな)という警句でさえあった。

ミラノから一〇年後、磯崎はパリの装飾美術館で「MA」展(「間」展)をキュレーションすることとなった。元来、間《ま》とは二つのもののあいだに生まれる距離を指すが、磯崎は時間、空間という言葉に間という漢字が用いられ、また日本の音楽、絵画、庭園、建築、演劇、舞踊といった諸領域にも間という発想が重視されてきたことに注目する。ここから「間」というコンセプトを、〈すき〉、〈やみ〉、〈うつろい〉、〈さび〉というキーワードに引きつけて解釈し、先に挙げた諸領域の古典と日本の現代芸術を取り結ぶ試みとした。

この展覧会は、茶道や華道といった日本文化を海外で紹介する際のオーソドックスな方法を大幅に改変していたため、展示を見た西欧の観客が混乱するのではないかと危惧された。しかし予想に反して大変な反響を呼び、アメリカや北欧を巡回することになった。一方で、日本の批評家から保田与重郎の日本浪漫派のようだと指摘され、フランスの批評家からは全学連・赤軍派のようだと批判された。両者の指摘に対して磯崎は反発しつつも、日本浪漫派と赤軍派を等距離に見据え、「間」というコンセプトの下に既成の価値観を御破算してもなお浮かび上がる日本的な時空間の感覚を提示することが重要であった、と振り返っている。

建築家磯崎

総評会館の一件で触れたとおり、磯崎は一九五〇年代に丹下研究室に在籍していた頃から丹下の設計方法の乗り越えを考えていた。丹下研究室での設計のルールとして、丹下モデュロールの使用を厳しく要求され、磯崎は夢の中でうなされるほどまで追いつめられていた。このため、大阪万博後に取り組んだ群馬県立近代美術館（一九七四年竣工）では、縦長の美しいプロポーションを基調とする丹下モデュロールを破棄し、自らの作家性さえ消去して、立方体だけを用いて美術館を組み立てることを宣言した。

この姿勢は当時の磯崎が掲げた「建築の解体」というキーワードとも連動しており、建築家として磯崎が独り立ちして、丹下の教えを乗り越える「父殺し」に等しい行為であったといえよう。ただし、この美術館を見た現代美術家・李禹煥《リウーファン》は、立方体を駆使して作家の痕跡さえ消去するなんて不可能だが、その限界を突き詰める姿勢は評価したい、と磯崎にエールを送っている。

その後、磯崎は直方体の組合わせという方法を維持しつつ、外装に古今東西の建築様式を散りばめた、つくばセンタービルを一九八三年に竣工させた。この施設の設計を通じて、磯崎は日本という「国家」の建築様式の不在を問い、多くの議論を呼んだ。つくばセンタービルは近代建築の限界を乗り越えるポストモダン建築と評され、バブル景気の最中に大量の模造建築が全国各地に出現している。

一九八六年に開催された東京都庁舎コンペで丹下が最優秀に選出されたことはすでに触れたが、このコンペで磯崎は低層案を提出し、落選している。応募前から超高層以外の案は建築基準法や新宿副都心の建築協定に抵触するため落選することは周知の事実であったが、磯崎はあえて低層案にこだわり、内部に都民が集えるホールを構えている。この発想は丹下が有楽町の都庁舎ピロティに込めたコンセプトそのものであった、と述懐している。

都庁舎竣工後、磯崎は大谷、黒川と共に座談会に出席し、都庁舎が「市民の背後にある権力あるいは国家権力の代弁を上回った力を持つ都の権力に、一直線にシンボル性がつながってしまっている」点を強く危惧した。また磯崎は丹下の中近東における経験に触れて、以下のように指摘する。

「中近東では相手は王様しかいないから、王様と対等で王様を表現しなければいけないという至上命令のようなものです。中近東から日本に戻ってこられたときに、方法が変わっていたというのが僕の印象です。」（「東京都庁舎を解析する」）

一九五〇年代の旧都庁舎では、都民をいかにピロティに受け入れるかが問題であったが、一九八〇年代の新都庁舎では、知事の権力を一直線のシンボル性に集約するデザインを採用しており、この変化が中近東での経験に由来するのではないか、と磯崎は指摘している。都庁舎コンペ後、ポストモダンの限界性にいち早く気づいた磯崎は建築の本来性を問い直すべく、「大文字の建築」を打ち出すに至った。

建築家としての磯崎は、一九七〇年代の建築の解体、八〇年代のポストモダン、九〇年代の大文字の建築と、時代に応じて大きく舵を切り、キーワードを巧みに切り替えてきた。これに対して多くの論者から変節を指摘され、批判にさらされた。しかしそれも、丹下によって具現化された日本近代建築を乗り越え、さらに自らかつて作った建築さえ乗り越えの対象と見なす磯崎の強靭な精神のなせる技であった。磯崎は、絶えず作っては壊し、生まれ変わりつづける守護神をデミウルゴス（造物主）と名付けた。そして、自らの体に乗り移ったデミウルゴスの操縦法をいまだに見つけられていない、と記している。

アーバニスト磯崎

都市デザインとは政治である。多くの若者が丹下に憧れ、アーバニストになることを夢みて丹下研究室の門戸を叩いたが、そこで経験を積むにつれ、政治と関わらなければ思ったようなデザインが実現しないことを知った。一方で磯崎は、アーバニストとして頭角を現し、細川護《もり》熙《ひろ》・熊本県知事(当時)からの信頼を得て、くまもとアートポリスを実現し、政治や経済へコミットする力を遺憾なく発揮した。さらに磯崎は二一世紀に入って中国においても活躍の場を拡げている。

また、国家的なイベントの企画・立案も重要な都市デザインの一つであった。というのも、国家的なイベントでもないかぎり、巨大都市の中心地で、政府や自治体を含む多くの地権者の同意を得ることは困難であったためである。臨海副都心での世界都市博覧会を挙げるまでもなく、シティ・プランニング(都市計画)はイベント・シティ・プランニング(巨大な催事や興業)と同義となる。

二〇〇六年、磯崎は「第三十一回オリンピック競技大会(二〇一六年)国内立候補都市選定委員会」に福岡招致案を提出し、東京招致案を構想した安藤忠雄に破れている。福岡招致案の概略は、人口規模が東京の一〇分の一に過ぎない福岡と、その北側に広がる博多湾を舞台に、豪華客船を駆使して、箱ものに依存しないオリンピックの開催であった。

磯崎の意図は、東シナ海が複数の国家間で領有権を争う場と化し、緊張感が高まる中、あえてこの海域に世界中からアスリートが集い、平和なイベントを挙行することにあった。これは二一世紀の海上事変であり、開催国の政治意図や既得権益にまみれたオリンピックの枠組みを無化する狙いがあった。

磯崎案に競り勝った安藤の東京招致案は、二〇一六年夏期オリンピックがリオデジャネイロに決まったことで一旦棚上げとなったが、二〇二〇年東京オリンピック招致運動の際、安藤は新国立競技場デザインコンペの審査委員長となり、ザハ・ハディド案を選出している。しかし、多くの問題点が浮上し、マスコミ上でザハ案やコンペそのものの有効性が議論され始めた。

二〇一四年一一月、磯崎は海外特派員クラブで記者会見に臨み、ザハをデザイン監修者の立場に留めたまま、「列島の水没を待つ亀のように鈍重な」変更案を実現しようとするＪＳＣの姿勢を批判する。そしてザハには建築家として与条件の変更を受け入れる能力があり、新しい案の作成を依頼すべきである、と主張している。これと同時に、磯崎は皇居前広場でのオリンピック開会式の挙行を提案し、二一世紀の東京にふさわしい広場の構想案を披露している。おそらく、磯崎の頭の中では、大阪万博お祭り広場のサイバネティック・エンバイラメント、つくばセンタービルの中庭、東京都庁舎コンペ低層案の都民広場の延長線上に皇居前広場の国家イベントが位置付けられており、世界都市・東京の空虚な中心を再定義しようと試みているのかもしれない。

黒川紀章

一九三四年、黒川紀章《くろかわきしょう》は愛知県庁営繕課に勤務する建築技師の長男として生まれた。黒川は名古屋市内で育ったが、住んでいた借家は空襲で焼失している。空襲時、黒川はすでに父方の実家に身を寄せており、難を逃れたのである。その後、黒川は京都大学工学部建築学科に進学し、西山研究室の門戸を叩いた。西山は戦前から住宅調査のエキスパートとして知られ、漁村や農村の住宅の使われ方をつぶさに観察し、それを類型化することでリアリティを導き出し、住宅の近代化を促す方法を模索していた。

ここで、第1章で触れた丹下と西山の対立をおさらいすれば、丹下は西山の唱えるリアリティが外部観察に基づくデータに過ぎず、建築家の内面に根づく美しさへの憧憬がなければ、

黒川紀章，朝日新聞社提供

人々を感動させ、社会を牽引する建築作品を生み出すことはできない、と断じた。一般に西山の方法が外的リアリティと呼ばれるのに対して、丹下の方法は内的リアリティと呼ばれる。しかし、西山研究室から見れば内的リアリティは作家の詭弁であり、建築の本質を直視していないものに映った。黒川もそうした議論に参戦し、丹下に批判的な立場を取っていた。しかし、ある日、西山の自宅を訪れた黒川は、西山が城崎温泉の旅館のために描いた亀甲模様の図面を見てしまい、その時の落胆を以下のように述懐している。

「作家として生きるということを正面切ってやっていなければ、作品なんてできないということがそこでやっとわかったんです。以前は批判しながらも引かれるものがあった丹下さんが、これを機に憧れの対象となりました。」(『戦後モダニズム建築の軌跡・丹下健三とその時代』)

大学卒業後、東大大学院に進学した黒川は丹下研究室のメンバーとして迎えられ、一九五八年七月には、ソ連の国際建築学生会議に議長として参加している。翌五九年、丹下がＭＩＴの客員教授として渡米している間、黒川は研究室の出来事や相談事を丹下宛にエアメールで送っている。その中で、同年九月二六日、伊勢湾台風が名古屋地方を襲い、自宅の屋根の一部が飛び、壁が落ち、床上一メートル浸水した旨を報告している。黒川は伊勢湾台風の経験から、地上レベルの農業生産と空中レベルの居住を分離配置することで、水害に強い「農村都市計画」を立案している。また、浅田孝のもとで世界デザイン会議事務局を手伝うかたわらで、メタボリズム運動に最年少メンバーとして参加することになった。

世界デザイン会議後、丹下は研究室のメンバーらと共に東京計画1960の設計に着手したが、その中で、黒川はトランスポーテーションシステムと呼ばれる高速道路網のデザインを任された。当時の黒川は自らのメタボリズムを発展させる中でアメーバ等の細胞分裂に興味を持ち、グネグネした高速道路を提案した。しかし、丹下は高等動物の脊椎の発生に強い関心を示して、黒川案は却下され、海上に直上状の高速道路を敷くことになった、と述懐している。

カプセル建築

一九五九年にソ連で開かれた国際建築学生会議の際、黒川は浅田の協力で渡航費用を工面したが、出発前に浅田からソ連のプレハブ住宅と工場を見学するよう指示されていた、と考えられる。というのも、浅田は一九五六年に南極探検隊昭和基地のプレハブ住居を完成させており、プレハブ先進地ソ連の工業力に大いに関心を寄せていたと考えられるからである。ソ連を訪れた黒川はオートメーション化された住宅産業に驚き、一九六二年には自らの事務所で「箱型プレハブアパート」を計画している。この後も黒川は「量産設計方法論」を書き、プレハブ化されたカプセルが産業社会の発展にいかにふさわしいかを説いている。

一九七〇年、黒川は大阪万博会場で東芝ＩＨＩ館の他に、箱形プレハブアパート計画を発展させ、鉄骨のジャングルジムに複数のカプセルを充填したタカラ・ビューティリオン館や、お祭り広場のスペースフレームに吊られたカプセル住宅を設計している。さらに、万博から二年後の一九七二年に竣工した中銀カプセルタワーでは、敷地中央に建てられたコアからいくつものカプセルが外側に無数に取り付けられた。無数のカプセルが氾濫する背景には、需要調査や統計調査に裏打ちされてカプセルの個数を決めたのではなく、むしろ取替えのシステムを誇示することで、高度経済成長を遂げた日本の産業社会がいかにすばらしいかを賞賛し、象徴する意図が込められていた。

一九八五年、黒川はつくば科学万博で「日本ＩＢＭ館」「電力館」「東芝館」「三井グループ館」など、全四六館中一一館を設計することとなり、万博で最も活躍する建築家としてその名前が世間に広まることとなった。

「利休ねずみ」というキャッチフレーズ

黒川は一九六〇年代前半から、自ら進んでメディアの中で行動するようになる。活字、映像の媒体を問わず、さまざまな事象をわかりやすい言葉で語りかけ、自らの構想を前面に押し出した。磯崎が建築そのものを思考し、建築を批判的にデザインすることを心がけたのに対して、黒川は建築の外側、すなわち政治、経済、社会、風俗から時流を見極め、情報化社会の中で自らの建築の優位性を発信しつづけた。

タカラ・ビューティリオン館.
朝日新聞社提供

例えば、一九七八年、磯崎はパリで開かれた「MA」展において、日本の諸芸術がその根底では「間」という発想を共有していることを示した。ちょうどその頃、黒川はカプセルから日本的なものへの回帰を唱え、お茶の間目線で「利休ねずみ」というキャッチフレーズを繰り出した。

磯崎と黒川は共に近代建築の限界を指摘し、古今東西の哲学書を援用しながら、自らの作品が近代建築を乗り越えていると主張してきた。一方で両者の差異を見ておくと、磯崎は日本のみならず西欧の知識人から賞賛されつつ、日本浪漫派的と批判もされた。一方の黒川は西欧中心主義の二元論を仮想敵に定めて、それを乗り越えるのが白黒の間にある「利休ねずみ」であると断言し、お茶の間の人気者となった。つまり、西欧の二元論とは白と黒の世界だが、グレーの「利休ねずみ」はその中間状態であり、西欧より日本が優れている、という極論を用いて、黒川は世間を魅了したのである。黒川の卓抜なレトリックに対して、磯崎は以下のように警鐘を鳴らしていた。

「(黒川が)「利休ねずみ」という単発のキャッチ・フレーズをとりだすのは、いかにも情報化時代にふさわしい。もしこの「利休ねずみ」が背後にひかえさせた理論が、ナチの時代の「血と土」というキャッチ・フレーズとかさなり、それが同じく背後にかかえていた、土着と伝統、反近代のリアリズムと形式的な新古典主義、このあたりとの類似性を記憶していても損にはなるまい。彼は、いよいよアルバート・シュペアーの役割を担う時期に到達しつつあるのかもしれないからだ。ただ、アドルフ・ヒットラーたるべき個人は、今ではテクノクラティックな機構に埋没しているために不可視である。それは、情報がランダムに流れているラティス構造そのものかもしれぬ。とすれば、黒川紀章は、そのスーパースター性によって、アドルフ

とアルバートの二役を兼ねることさえ夢ではない。」（「槇文彦　相対的思考者の眼」括弧内筆者）

黒川の発する言葉は丹下や磯崎の言葉以上に市民の感性を揺さぶる力があり、黒川の知名度は飛躍的に向上した。カプセル建築を力説する黒川に大衆が聞き惚れたのは、「日本の産業化を褒めてほしい」という無意識が大衆の中に根付いていたためであった。また「利休ねずみ」を力説する黒川にマスコミが注目したのは、「西欧より日本が優秀であってほしい」という戦前の日本の夢を、わかりやすく何度も再生してくれるからであった。磯崎にとって、メディアの中での黒川は戦前のナチス・ドイツの情報戦を彷彿させるものであった。そして、大衆の無意識を「単発のキャッチ・フレーズ」に凝縮できる黒川が、ヒトラーのごとき政治家、煽動家に変身を遂げる可能性が示唆されている。

都知事選立候補への道

黒川はテレビや雑誌で数多くの政治家と対談し、政治との距離を詰めていった。また一九六九年、黒川は大企業経営者らと共にシンクタンク「社会工学研究所」を立ち上げ、国や地方自治体の政策立案をサポートする役割を買って出た。この結果、一九七一年の都知事選で美濃部に破れた秦野章陣営の「四兆円構想」に関与しているという噂が立てられた。一九七五年の都知事選では、社会工学研究所のメンバーとして実際に石原慎太郎陣営の政策立案に関与している。

恐らく、立候補を勧めた政党が過去にいくつもあったと推測されるが、黒川は晩年まで立候補することはなかった。「利休ねずみ」以来、黒川は自らを千利休になぞらえてきたが、立候補を拒んだ黒川にとって政治家とは所詮成り上がりであり、秀吉のごとく利休に切腹を命ずる程度の野蛮人に過ぎなかったのかもしれない。

しかし、黒川は利休としての立場を捨てて、秀吉のごとく天下人になろうと決意する。二〇〇七年三月、東京都知事選に立候補した黒川は、マニフェストの中で以下四つの都市政策を掲げていた。一つ目に、東京オリンピックの招致を中止し、都を区中心の多核型の都市として活性化する。二つ目に、一部の首都機能の移転を積極的に支援し、都心に再開発のタネ地を将来のために確保し、緑地率を高める。三つ目に、東京を金儲け主義の投機から守り、文化と経済の共生を目指す。四つ目に、都民と対話し、都民の声に耳を傾ける。

これらの提案は東京一極集中を是認する鈴木・石原都政への逆張りであり、必然的に美濃部都政下で浅田が書き上げた「広場と青空の東京構想」に接近する内容であった。マスコミは黒川の乱心と面白おかしく書き立て、石原都知事が安藤忠雄に東京オリンピックのグランドデザインを任せたことへの対抗意識から黒川が都知事選に出馬したのではないか、と勘ぐるメディアさえあった。

しかし、黒川が当代随一のメディア型建築家であったことを思い返せば、磯崎の予言どおり、政治家への転進は必然であった。あるいは、がんを患った晩年の黒川は、座して死を待つより、返り討ちに合おうとも、選挙を通じてメディア型建築家の構想力を世に問いたかったのかもしれない。さまざまな憶測と波紋を呼びながら、黒川は都知事選で敗北し、二〇〇七年一〇月にこの世を去った。そして黒川が招致中止を求めた東京オリンピックが現実のものとなり、都心部の開発が進んで、東京は金儲け主義の投機の餌食となりつつある。

4　言空一致による新しい建築の創造——神谷宏治と谷口吉生

神谷宏治

一九二八年、神谷《かみや》宏治《こうじ》は東京に生まれ、下町で育ったが、近所の公園で遊び、よその家でご飯をごちそうになる幼少期を過ごしている。こうした経験が、神谷のコミュニティ・デザイン論の原風景となった。神谷は静岡高校に進学したが、戦時中の空襲で姉を亡くしている。その後、神谷は東京大学工学部建築学科に進学し、同級に槇文彦がいた。

当時、非常勤講師で堀口捨己が教壇に立ち、丹下が授業中に出した課題はコルビュジェ設計のスイス学生会館のパースだった。丹下の出題意図は、スイス学生会館の基準階が工業製品を組み合わせた外装なのに対して、地上階の手仕事的な乱石積みを対比させる点、すなわち近代建築における「機械と手の葛藤」を学生に体で理解させることにあった。

丹下研究室に籍を置いた神谷が丹下から与えられた卒論のテーマは「コアに関する歴史的研究」であった。ここでいうコアの歴史とは「たとえば江戸時代の浮世風呂とか、髪結床のような場所、人々の生活のうちにそこを中心として集まっていた場所、と云うより他に言い様のないものの考察」であり、つかみどころのないものだった。しかし丹下は都市のコアについて「何としても歴史的な考察が必要であり、その段階の認識が不可欠の要素である」と力説し、神谷を叱咤激励している。

大学院に進学した神谷は、津田塾大学図書館、香川県庁舎などの設計監理を担当し、一九六二年から一九七三年までＵＲＴＥＣの代表取締役に就任している。その間、ＵＲＴＥＣは国立屋内総合競技場、東京カテドラル聖マリア大聖堂、山梨文化会館、大阪万博お祭り広場など、丹下の代表作と呼ばれる作品群を次々と世に送り出した。

神谷は丹下の考えを最も理解し、URTECに属する数多のスタッフを取り仕切る大番頭であったが、必ずしも丹下と価値観を共有していたわけではなかった。例えば、国立屋内総合競技場の竣工まで三カ月と迫った一九六四年四月、神谷は都内の大規模関連施設工事の問題点を二つ挙げている。

中央左から丹下，神谷宏治，岡本太郎．国立屋内総合競技場の建設現場にて．Ⓤ

一つ目に、オリンピックというスローガンのもとに、巨大な建設投資が集約的に動員され、当時の日本の建設投資総額の約一〇パーセントにも相当し、それがもたらす都市計画的なひずみを指摘している。神谷は、競技場周辺のインフラ整備が進む一方で、取り残されたエリアとの格差が広がり、都営住宅対策も一向に進まない状況を批判し、以下のように嘆いている。

「このようなアンバランスには目をつむって、とりあえずオリンピックという舞台の幕を何とか開けようとしゃにむに頑張っているのが、今日の東京である。そこでは、東京の将来をどうするか、というもっとも基本的な課題が一時棚上げされ忘れられている。」（「オリンピックの残すもの」）

丹下は東京オリンピックの後、公共事業の拡大を楽観的に捉え、東海道メガロポリスを打ち出したが、側近の神谷は高度経済成長下のビジョンなき公共投資を冷ややかに捉えていた。

二つ目に、オリンピック工事が設計・施工期間のアクロバットな短縮化を引き起こしている点である。極端な工期短縮が、設計と施工の合理化や生産性の向上に裏付けられたものではなく、建築家や施工担当者の過重労働によって達成されている、と告発している。恐らく神谷は、国立屋内総合競技場の設計監理で感じていた憤りをここで表現している。そして、設計時間を軽視し、施工期間を短縮させる横暴に建築家が無抵抗な態度を取るかぎり、人間的生活空間に対する創造者としての建築家の立場は次第に消滅しゆく、と警鐘を鳴らした。

封建社会批判と流動性

やや時代が遡るが、一九五九年、神谷は香川県建築課と協同して高松一の宮住宅団地計画を担当していた。当時、丹下はこの計画にあまり乗り気ではなく、作業の大半を神谷に任せていた。しかし、完成後にはかなり気に入ったらしく、丹下の作品集『技術と人間』に神谷の解説文を全文掲載している。

神谷はこの団地を計画するにあたって、単に住居ユニットの設計とその累積だけで満足するのではなく、住宅地の生活環境・空間体系を、その外側に広がる都市と統一的に結びつけることに注力している。当時の神谷の認識では、日本の封建制において、社会階層に応じた閉鎖的な体系が有効に機能し、集落や町家の形もそれを反映していたが、戦後の日本ではそうした秩序が解体されてしまい、小学校を中心とする近隣住区理論もうまく機能しない状況であった。神谷は戦後社会の無秩序ぶりを肯定的に解釈し、人々の組織がより自由に開かれ、相互に流動することは必然であり、一の宮住宅団地では自由な流動性の中に有機的な秩序を求めようとしている。

この時、神谷が最大限に活用したツールが軸線ではなく、丹下モデュロールであった。前者はシステマティックな空間体系を導くのに有効で、東京計画１９６０でも使われているが、後者は自由なグルーピングの中に有機的な体系を導くツールであった。一の宮団地では、住居内を構成する居間、居間に連続する庭、露地、小広場、中広場……といった具合に、さまざまな構成要素が丹下モデュロールに沿って流動的に組織化され、それと同時に都市的なスケールから部分的な要素である住居ユニットが捉えられ、快適か否かを検証する試みであった。

大谷幸夫が提案した麴町計画と同じく、神谷の試みは部分と全体の相関関係を追求しており、槇が提唱したグループ・フォーム（群造形）とも共鳴する発想であった。

コーポラティブハウスとマイタウン東京

一九七三年、神谷はURTECを退社し、日本大学生産工学部の教授に就任したが、そのかたわらでコーポラティブハウスに関する研究と実践に取り組んだ。コーポラティブハウスとは、家を建てたい人びとが集まって組合をつくり、協同して集合住宅を建築する方式を指す。

当時、コーポラティブハウスが注目された背景には、住民主体の側面と行政主導の側面があった。前者は市民社会が成熟し、各々が望ましいと願う住宅、環境を親密な人間関係とともに創り上げることが理想とみなされ始めたからである。先に触れた伝統的な街並み保存の試みも、住民主体という点で共通した課題であった。

後者は、一九七〇年代、日本国内では日照権や環境公害の訴訟が全国各地でわき起こった際、建設官僚らは、役所の手を煩わさず、市民同士が話し合って自発的にまちづくりをする他ない、という結論に至り、建設官僚出身者らがコーポラティブハウスの旗振り役になったからである。

神谷はURTEC退社後も丹下とコンタクトを持ち、コーポラティブハウスの意義を説いた。これが功を奏したのか、一九七九年に鈴木都知事が公約として掲げた「マイタウン東京」の中にコーポラティブハウスが位置づけられることとなった。また、選挙後に「マイタウン構想懇談会」と、その下部組織としてコミュニティ部会と都市づくり部会が設けられ、神谷は前者の部会に所属することとなった。この部会で、神谷は海外のコープタウンの実態や、建築家がボランティアでまちづくりを支援するコミュニティ・デザイン・センターの紹介などを行っている。ここに、高松一の宮住宅団地以来、神谷が建築と都市を有機的に連続させる方法を模索してきたことがわかる。

東京都はコーポラティブハウスの建設を支援し、神谷の設計でコープタウン松が谷などが実現している。しかし、一九八〇年代初頭に希望者を募り始めたコープタウンも、バブル経済の余波で着工の頃には建設物価が上がってしまい、想定していた予算内では建設できず、脱落者が出たこともあった。

神谷は香川県庁舎を設計監理した際、一九五〇年代に県民に開かれた庁舎建築のプロトタイプを提示したが、一九七〇年代以降はコーポラティブハウスの設計を通じて、住民参加型集合住宅のプロトタイプを模索しつづけた。ここに戦後日本の民主主義の歩みと近代建築の発展の相関を見出すことができよう。

神谷は磯崎や黒川に比して多くを語ることはなく、残した作品数、著作数も二人に比して数

コープタウン松が谷

十分の一にも満たない。しかし、URTECでの活動やコープタウンの取り組みに代表されるように、神谷は目指すべき社会像を一貫して持ちつづけ、ていねいな言葉で語り、可能な限り忠実に社会と建築の中に理想を反映させてきた。「言行一致」という言葉があるように、神谷の建築家としての言動と実現した空間は限りなく一致し、その取り組みは、「言空一致」という言葉がふさわしいと言えよう。

谷口吉生

一九三七年、東京工業大学教授で、建築家の谷口吉郎の息子として生まれた谷口吉生《よしお》は、幼い頃から建築の文化に触れあい、夏には軽井沢の別荘で丹下夫妻とも会っていた。しかし、建築家として成功した父とは別の道に進みたくなった谷口は、慶應義塾大学工学部機械工学科に進学している。それからしばらく後、就職活動の時期に父の同僚の清家清《せいけきよし》から建築の道を勧められ、谷口はハーバード大学建築学科に留学することにした。

留学先では「建築を都市のエレメントとして考える」というスタンスの設計指導を受け、建築史家ジークフリード・ギーディオンの講義を受講している。また、授業以外では、ワルター・グロピウスの設計事務所でアルバイトをし、卒業後の一年間はボストンの設計事務所での勤務を経験している。

帰国後、丹下研究室の門を叩いた谷口が最初に担当したのは「スコピエ都心部再建計画」であった。谷口はスコピエ以外にも、アメリカの「ミネアポリス・アート・コンプレックス」、サンフランシスコの「イエルバ・ブエナ・センター」、ニューヨークの「フラッシング・メドウ・スポーツ・パーク」などの海外案件を多く担当した。

こうした海外プロジェクトの中で、当時のアメリカの世相を強く反映していたのがイエルバ・ブエナ・センター(一九六七―六九年計画)であった。この計画はサンフランシスコのメインストリートであるマーケット・ストリートの南側地区の巨大再開発で、一万四〇〇〇人収容の国際会議場、三万平方メートルの大展示場、オフィス、ホテル、劇場、四〇〇〇台の駐車場を含む複合施設であった。丹下はこの要求に対して、複合施設の中心にガラス屋根に覆われた中心軸を設ける案を提出した。

しかし、この計画の最大の難関は、技術や予算の問題ではなく、アメリカで公害問題が顕在していたことであった。アメリカの環境派が、自動車中心のプログラムで組み立てられた巨大

スコピエで図面に手を入れる丹下，磯崎新，谷口吉生（丹下の正面）．Ⓤ

複合施設の建設に異を唱えたのである。ジェイン・ジェイコブスのベストセラー『アメリカ大都市の生と死』（一九六一年）もアメリカの環境派による先駆的業績として受け入れられていた。この結果、イエルバ・ブエナ・センターの計画は実現されることはなかった。一九九〇年代に入って、この敷地に「イエルナ・アート・センター」が槇文彦の設計によって竣工している。

配置・形体・細部の三位一体

谷口は独立後、多くの美術館や展示施設の設計を手がけたが、その中で最も多くの人が訪れた施設の一つとして葛西臨海水族園が挙げられる。この施設は上野動物園開園一〇〇周年を記念し、東京湾岸地区整備事業の一環として、一九八九年に開園している。敷地は旧江戸川と荒川に挟まれ、東京湾に面した海辺にあり、未開発の地とはいえ荒廃した場所であった。

谷口は東京湾の海水面を借景にするために直径一〇〇メートルの円形の水盤（噴水池）を設定し、八角形のガラスドームを水盤の中心に据えている。来訪者はこのガラスの塔に引き寄せられるようにアプローチし、水盤とその先に広がる海水面を一望するのである。八角形のガラスドームに到着すると、そこが地下展示室へのアプローチであることがわかり、来訪者は明るい空と海の広がりから、一転してエスカレーターで暗黒の地下空間へ下ってゆく。そこでは、マグロが回遊する巨大な水槽と、美しい色の魚が群れる非現実的な世界が現れ、来訪者もその地下空間を自由に回遊する仕掛けとなっていた。

かつて大谷幸夫は建築を評価する際、「配置・形態・細部」の三点から評価する方法を示した。例えば、面白い形を採用しても、配置が杜撰《ずさん》であれば良い建築とはいえず、配置と形が優れていても、細部に配慮がなければ利用者にとってつらい建築になる。この評価法を用いると、葛西臨海水族園は配置・形態・細部の三位一体が見事に実現しているといえよう。

まず配置の点から具体的に見てゆくと、東京湾を借景として水盤を設けることで、東京に失われた雄大な景観を回復させたことは驚きに値する。次いで形態を見ると、水盤が主要施設の屋根部分にあたり、円や正方形といった奇を衒《てら》わない幾何学をていねいに組み合わせ、設計者の意図どおりに来訪者を地下へ導くことに専念している。

最後の細部を見ると、ガラスドームは既成のスチール材を巧みに組み合わせ、一見シンプルな表現となっているが、これを実現するには並々ならぬ創意工夫が必要となった。槇文彦は、谷口の材料と材質感に対するスタンスにストイックさと快楽主義（ヘドニズム）を見出している。谷口はシンプルな細部の表現を実現するために一つの材料を選ぶが、そこに並々ならぬ労力、情熱、工法上の工夫を投下している。その熱量が一般の建築家に比して過剰であり、ストイックでありながら快楽主義的な細部が実現するという。

また、谷口自身は丹下の建築から学んだこととして、都市的な建築へ向けての方針や、部分と全体を関係づけるシステムの他に、材料からディテールに至るまでの一貫性を挙げている。ここで指摘された丹下の一貫性とは、国立屋内総合競技場のあらゆるディテールは吊り屋根構造を際立たせる方向で整えられており、コンクリート打放しや貼られたタイルも、設計意図を具体化するために用いている点を指している。谷口は丹下の一貫性を継承、発展させつつ、一方でホテルオークラを設計した父・谷口吉郎譲りの工匠的なスタイルを確立したのである。

言葉と空間の一致、そしてその外側

谷口は自作を紹介する際、簡潔な解説文を添えてきたが、その背景にある思想や手法を書く

ことは稀であった。また谷口は、磯崎や黒川のように多様な参照源を開示することなく、可能な限りコンペ審査員、講演会も控えてきた。この点で、谷口は黒川と対極的な、非メディア型建築家と位置づけることもできよう。

しかし、谷口が書き記した解説文を読むと、言葉がそのまま建築になったかのように、設計者の意図する空間的な抑揚や素材の対比的効果が正確にプロットされている。例えば、谷口は自ら設計した鈴木大拙館について以下のように綴っている。

「鈴木大拙館に入ると、日常性から非日常性への結界である「玄関の庭」がまず正面に見える。目を左に転じると、木の床板と黒い金属板の壁によって区切られた小空間があり、館名が書かれた文字が来館者を回廊の奥へと誘う。細長い回廊を進むと、薄明かりの中に鈴木大拙の肖像写真が壁に掛けられた空間がみえてくる。これらの動線の結節点に配された小空間は、館名文字や肖像写真などを設《しつら》えとした、「床」の空間を意識したものである。さらに奥にある展示空間と学習空間にある「床」は展示ケースであり、学習空間にある漆の床板による「床」は、企画展などにも利用される。「水鏡の庭」に浮かぶ思索空間は、全体が設えによって変化する「床」の空間そのものであり、壁面に空けられた開口部からは、四季によって移り変わる周りの景観が切り取られて見える。」（「無の意匠　鈴木大拙館解説」）

鈴木大拙館「水鏡の庭」. minack/PIXTA

実際の鈴木大拙館を訪れずとも、この文面から、谷口が光の加減、空間の抑揚を通じて観客の視線をいかに導くかに腐心しているかがわかる。また、「床」をキーワードにして、金属、石、水といった素材を巧みに構成することで、季節の変化を建築に取り入れようと苦心しているのが伝わってくる。設計意図とできあがった空間の一致、言空一致については、神谷に関する叙述でも触れたが、谷口の場合にはより即物的な表現で設計意図を際立たせている。この言空一致は一九五〇年代における丹下にも顕著に見受けられ、丹下は自作を最も的確に言語化できた建築家の一人であった。

しかし、丹下と谷口の解説文の最大の違いは、建築と社会がいかにつながるかという問いに応えるか否かにあった。この点について、磯崎は谷口が設計した豊田市美術館について、建築と庭との関係やディテールについて高く評価しつつも、以下のように評している。

「美術館建築というコンセプトをひねって問題提起するとか、建築物の社会的なあり方とか、美術館の将来についてとか、そういうものに対する提案というのはこの中味からすると無理で、それは頑強ってもしょうがないということで、あきらめて箱で対応するというふうにしてある。「もの」が来たらその箱に入れればいい、という考えでやっている。」（「現代建築○と×　豊田市美術館」）

谷口の言葉と空間は限りなく一致し、配置から形態、細部に至るまで、設計者の意図が一貫していた。この点で谷口は丹下シューレの中でも突出した才覚の持ち主であったことがわかる。しかし、磯崎が指摘したとおり、谷口の建築には来るべき社会に向けられたメッセージに乏しく、谷口の言葉と空間はその外側に広がる世界と隔絶していたのである。ここに丹下シューレが師から受け継いだ方法の進化とその限界を見出すことができる。

おわりに　丹下の投げかけたもの
——戦後一〇〇年を視野に入れた建築をどう構想するか

本書は、戦後日本の歩みと丹下健三のキャリアを重ね合わせ、両者の関わりを論じている。さらに、丹下と共に研究室で都市と建築に向き合った丹下シューレが、丹下の何を受容し、いかに乗り越え、現代の諸課題に対峙しているか、について紹介した。

本書を戦後日本の経済状況に引きつけて要約すれば、四〇、五〇年代の混迷を極める戦後復興、六〇年代の高度経済成長、七〇年代のオイルショックによる景気低迷、八〇年代の民活によるバブル経済とその崩壊、という劇的なプロセスの中で、丹下と丹下シューレが民主主義、国家、そして伝統といかに向き合い、近代建築をいかに更新したかが、鮮やかに浮かび上がってくる。

また、アメリカという視点で捉えれば、広島への原爆投下を機に丹下は戦後日本の公共建築のモデルを作り上げたが、七〇年代以後、アラブの王族らはアメリカの最新兵器を購入するのと同様に丹下の都市デザインを買い漁った。これとは対照的に、アメリカ本土では環境派の反対を受けて丹下のデザインはほとんど実現しなかった。一九世紀に西洋列強の建築様式は後進国や植民地で幾度もコピーされてきたが、非西洋の敗戦国に属する丹下の近代建築がなぜアラブやアフリカへ導入され、大規模にコピーされつづけたのか。今後の研究対象になるであろう。

建築史家・稲垣栄三は「戦後史をいかに書くか」(『建築文化』一九七八年一一月号)という講演の中で、都市政策、建設産業、住宅・都市、建築・建築家という四つのテーマを設定している。本書を締めくくるにあたって、これらのテーマから全体の内容を振り返ってみたい。

一つ目の都市政策について、丹下は研究室でのリサーチを通じて国土計画、都市計画的な視点を絶えず更新し、新しい社会構造に適した都市モデルを提示した。また、下河辺淳を筆頭とした優れた官僚を排出することで、戦後日本の国土計画に大きな影響を及ぼした。

二つ目の建設産業について、丹下はシェル構造を始めとして、それまで日本での先行事例がなかった大胆な造形に果敢に挑戦した。こうした取組みを通じて、日本の建設産業の成果は海外の建築系雑誌に大々的に掲載され、丹下は七〇年代以降の日本のゼネコンの海外進出を大いにサポートした。

三つ目の住宅・都市について、丹下白身は自邸を除いて個人住宅をほとんど設計せず、公共建築を通じて、国家・社会・都市の理想像を目に見えるようにした。戦後、他の多くの建築家が住宅設計こそ建築家の本懐であると自認してきた中で、丹下は特異な存在であったといえよう。

四つ目の建築・建築家について、丹下は構想力の重要性を唱え、社会を牽引する建築家像を確立した。また丹下は、都市政策に関わるプロが集う組織を作り、共通言語としての地図を作成し、さまざまな知を統合するプラットフォーム作りにも尽力した。これに対して、浅田孝、大谷幸夫、神谷宏治らは、美濃部都政の「広場と青空の東京構想」、鈴木都政の「マイタウン東京」における住民主体の住宅政策立案に強く関与してきた。丹下シューレの取組みは創造主体としての市民を押し出すことで丹下を乗り越える方法であったといえよう。同時に、丹下シューレの取組みは近年持て囃されているコミュニティ・デザインの源流の一つとして位置づけられる。

今日、二〇二〇年オリンピック東京大会に向けて、新国立競技場の問題がマスコミを賑わせているが、多くの言説はコストの問題に終始してしまい、世界都市・東京の象徴となる建築とはどこに、どのようにあるべきか、という根本的な問いはなされずじまいであった。コンパクトなオリンピックの旗印のもとに、臨海エリアの再開発に明け暮れるのであれば、われわれの構想力は丹下の「東京計画１９８６」から一歩も外に出られていないのではないか、と思われる。

二〇一五年に戦後七〇年を迎えたが、これから三〇年後までに、われわれはどのような建築・都市・国土を構想できるだろうか。過去を忘れて奇抜なデザインを競うのではなく、むしろ丹下や丹下シューレの残してくれた豊穣な経験を読み解き、継承し、現実問題に応用することこそ重要ではなかろうか。こうした取組みが戦後一〇〇年の日本近代建築を有意義にし、二一世紀の東京を構想する際に不可欠な方法になる、と確信している。

仮にこうした歴史意識が活かされない場合、「丹下の時代にあった建築はどこへ行ってしまったのか。戦後一〇〇年の最後の三〇年、建築関係者は丹下や丹下シューレの建築も言葉も理解できなかった」と将来の歴史家に書かれても、およそ反論できないであろう。

これまで近代建築を叙述した多くの書籍は折衷・近代・ポストモダンの関係を注視してきたように思う。本書ではこうした発想を一旦棚上げして、あらためて戦後一〇〇年というスケールを導入するための準備作業として位置づけたい。そして、過去七〇年の丹下と丹下シューレの営為を否定し忘却する代わりに、これらを総括し、今後三〇年、その長所を引き延ばし、短所を極小化して、完成に導くのはどうだろうか。

その際、二つの弁証法が問題となるだろう。一つ目の弁証法は、国土・都市という大きな視野から建築を捉えるのと同時に、地域ごとに異なる歴史背景や微地形の読解から都市や国土のあり方を問うことが求められる。これは浅田・下河辺的な〈全体から部分へ〉の思考法と、大谷・槇的な〈部分から全体へ〉の思考法の止揚と言い換えられる。

二つ目の弁証法は、メディアの中で可能な限り建築の領域を拡張しつつ、自ら発した言葉を正確に建築に反映させることである。これは、磯崎・黒川的な〈父殺しの建築〉と、神谷・谷口的な〈言空一致の建築〉の止揚を意味する。

そして、この二つの弁証法をさらに止揚し、意匠・構造・設備の統合によって〈象徴としての建築〉を実現したのが、最盛期の建築家・丹下健三であった。「建築家とは何者か」という問いに対して、丹下と丹下シューレを指しながら「この人たちを見よ」と、筆者が言い続けたい所以である。

二〇一六年四月

豊川斎赫

本文中の丹下に関する写真（Ⓤと表記）は、内田道子氏にご提供いただいた。
貴重な写真をご提供くださった内田氏に感謝申し上げる。

おもな引用文献

序

丹下健三「現在日本において近代建築をいかに理解するか」『新建築』一九五五年一月号、一八頁
丹下健三「建築家は民衆をどう把えるか」『美術批評』一九五六年一一月号、九八頁

第1章

丹下健三「明日の都市への展望」建設省編『明日の住宅と都市』彰国社、一九四九年、三三二頁
丹下健三「廣島市平和記念公園及び記念館競技設計等選圖案一等」『建築雑誌』一九四九年一一月号、四二頁
丹下健三「浅田孝宛書簡　ヨーロッパの憂愁」（一九五一年七月一四日ロンドン）『国際建築』一九五一年一〇月号、一一頁
岡本太郎「純粋芸術と建築の結合」『新建築』一九五八年六月号、一二頁
丹下健三「都庁舎の経験」『新建築』一九五八年六月号、四頁
丹下健三「グロピウスの残した余韻」グロピウス会編『グロピウスと日本文化』彰国社、一九五六

年、三八〇頁

第2章

丹下健三「七　設計の経験」『建築と都市――デザインおぼえがき　復刻版』彰国社、二〇一一年、一四七頁(初出一九七〇年)
文部省体育局オリンピック準備室起案「国立屋内総合競技場建築設計者選考委員会の開催について」『文部省原議書』一九六一年一一月一三日決裁
丹下健三「空間と象徴」『建築文化』一九六五年六月号、一〇三頁
丹下健三の発言「第四回会場計画委員会議事録」一九六六年五月二三日より抜粋
関西電力「第二章　高度経済成長と技術革新」『関西電力五十年史』関西電力、二〇〇二年、四一九―四二〇頁

第3章

丹下健三「発展期の中東　都市づくりに貢献して」『中東研究』一九八六年六月号
Mehdi Kowsar(石井昭訳)「テンポラリーかコンテンポラリーか　イラン建築の伝統と今日的課題」『建築雑誌』一九七七年六月号、二四頁

「中東諸国の都市造りに協力　東大定年の丹下健三氏」『朝日新聞』一九七四年四月二三日付
丹下健三「シンガポールでの設計活動(建築論壇)」『新建築』一九八七年一月号、一四二頁
丹下健三「基調・記念講演」『東京・ニューヨーク都市問題シンポジウム報告書』一九八〇年一月、一二一―一二三頁
丹下健三「東京の将来を考える」『Process Architecture』一九八七年六月号、七六頁

参考文献

時代区分について

稲垣栄三『日本の近代建築――その成立過程』丸善、一九五九年
藤森照信『日本の近代建築』(上・下)岩波新書、一九九三年
井上章一『戦時下日本の建築家――アート・キッチュ・ジャパネスク』朝日選書、一九九五年
吉見俊哉『ポスト戦後社会　シリーズ日本近現代史9』岩波新書、二〇〇九年

丹下健三について

丹下健三・川添登編著『現実と創造――丹下健三 1946-1958』美術出版社、一九六六年
丹下健三・川添登編著『技術と人間――丹下健三＋都市・建築設計研究所 1955-1964』美術出版社、一九六八年
丹下健三『人間と建築――デザインおぼえがき 復刻版』彰国社、二〇一一年（初出一九七〇年）
丹下健三『建築と都市――デザインおぼえがき 復刻版』彰国社、二〇一一年（初出一九七〇年）
丹下健三『一本の鉛筆から』日本経済新聞社、一九八五年
磯崎新『建築における「日本的なもの」』新潮社、二〇〇三年
豊川斎赫『群像としての丹下研究室――戦後日本建築・都市史のメインストリーム』オーム社、二〇一二年
豊川斎赫編『丹下健三とＫＥＮＺＯ ＴＡＮＧＥ』オーム社、二〇一三年
槇文彦・神谷宏治編著『丹下健三を語る――初期から一九七〇年代までの軌跡』鹿島出版会、二〇一三年
岸和郎監修・豊川斎赫編著『TANGE BY TANGE 1949-1959――丹下健三が見た丹下健三』ＴＯＴＯ出版、二〇一五年

海外情勢と臨海副都心について

岡倉徹志『メッカとリヤド』講談社現代新書、一九八八年
野町和嘉『メッカ――聖地の素顔』岩波新書、二〇〇二年
桜井啓子『現代イラン　神の国の変貌』岩波新書、二〇〇一年
宮田律『物語　イランの歴史』中公新書、二〇〇二年
中東経済研究所『アルジェリアの経済――経済構造と開発の現状』一九七六年
マイケル・クローダー、グダ＝アブドゥラヒ（中村弘光・林晃史訳）『ナイジェリア　その人々の歴史』帝国書院、一九八三年
岩崎育夫『リー・クアンユー　西洋とアジアのはざまで』岩波書店、一九九六年
平本一雄『臨海副都心物語――「お台場」をめぐる政治経済力学』中公新書、二〇〇〇年

丹下シューレについて

浅田孝著・川添登・粟津潔編『天・地・人の諸相をたずねて　年譜・覚え書』ドメス出版、一九八二年
下河辺淳・大谷幸夫『戦後国土計画への証言』日本経済評論社、一九九四年
大谷幸夫『建築・都市論集』筑摩書房、一九八六年

槇文彦『記憶の形象――都市と建築との間で』勁草書房、一九九二年
豊川斎赫編『磯崎新建築論集8　製作の現場――プロジェクトの位相』岩波書店、二〇一五年
黒川紀章『行動建築論　メタボリズムの美学』彰国社、一九六七年
神谷宏治他著『コーポラティブ・ハウジング』鹿島出版会、一九八八年
谷口吉生『JA21　谷口吉生』新建築社、一九九六年

豊川斎赫

1973年生まれ
建築家，建築史家．東京大学大学院工学系建築学専攻修了．現在，国立小山工業高等専門学校准教授
専攻―建築史，都市デザイン
編著書―『群像としての丹下研究室』(日本建築学会著作賞)，『丹下健三とKENZO TANGE』(日本イコモス奨励賞)ともにオーム社

丹下健三 戦後日本の構想者　　岩波新書(新赤版)1603

2016年4月20日　第1刷発行

著　者　豊川斎赫《とよかわさいかく》

発行者　岡本　厚

発行所　株式会社 岩波書店
〒101-8002 東京都千代田区一ツ橋2-5-5
案内 03-5210-4000　販売部 03-5210-4111
http://www.iwanami.co.jp/

新書編集部 03-5210-4054
http://www.iwanamishinsho.com/

印刷・精興社　カバー・半七印刷　製本・中永製本

ISBN 978-4-00-431603-9　　Printed in Japan

岩波新書新赤版一〇〇〇点に際して

ひとつの時代が終わったと言われて久しい。だが、その先にいかなる時代を展望するのか、私たちはその輪郭すら描きえていない。二〇世紀から持ち越した課題の多くは、未だ解決の緒を見つけることのできないままであり、二一世紀が新たに招きよせた問題も少なくない。グローバル資本主義の浸透、憎悪の連鎖、暴力の応酬――世界は混沌として深い不安の只中にある。

現代社会においては変化が常態となり、速さと新しさに絶対的な価値が与えられた。消費社会の深化と情報技術の革命は、種々の境界を無くし、人々の生活やコミュニケーションの様式を根底から変容させてきた。ライフスタイルは多様化し、一面では個人の生き方をそれぞれが選びとる時代が始まっている。同時に、新たな格差が生まれ、様々な次元での亀裂や分断が深まっている。社会や歴史に対する意識が揺らぎ、普遍的な理念に対する根本的な懐疑や、現実を変えることへの無力感がひそかに根を張りつつある。そして生きることに誰もが困難を覚える時代が到来している。

しかし、日常生活のそれぞれの場で、自由と民主主義を獲得し実践することを通じて、私たち自身がそうした閉塞を乗り超え、希望の時代の幕開けを告げてゆくことは不可能ではあるまい。そのために、いま求められていること――それは、個と個の間で開かれた対話を積み重ねながら、人間らしく生きることの条件について一人ひとりが粘り強く思考することではないか。その営みの糧となるものが、教養に外ならないと私たちは考える。歴史とは何か、よく生きるとはいかなることか、世界そして人間はどこへ向かうべきなのか――こうした根源的な問いとの格闘が、文化と知の厚みを作り出し、個人と社会を支える基盤としての教養となった。まさにそのような教養への道案内こそ、岩波新書が創刊以来、追求してきたことである。

岩波新書は、日中戦争下の一九三八年一一月に赤版として創刊された。創刊の辞は、道義の精神に則らない日本の行動を憂慮し、批判的精神と良心的行動の欠如を戒めつつ、現代人の現代的教養を刊行の目的とする、と謳っている。以後、青版、黄版、新赤版と装いを改めながら、合計二五〇〇点余りを世に問うてきた。そして、いままた新赤版が一〇〇〇点を迎えたのを機に、人間の理性と良心への信頼を再確認し、それに裏打ちされた文化を培っていく決意を込めて、新しい装丁のもとに再出発したいと思う。一冊一冊から吹き出す新風が一人でも多くの読者の許に届くこと、そして希望ある時代への想像力を豊かにかき立てることを切に願う。

（二〇〇六年四月）

岩波新書より

飯舘村は負けない	千葉悦子 松野光伸
夢よりも深い覚醒へ	大澤真幸
不可能性の時代	大澤真幸
3・11 複合被災	外岡秀俊
子どもの声を社会へ	桜井智恵子
就職とは何か	森岡孝二
働きすぎの時代	森岡孝二
日本のデザイン	原 研哉
ポジティヴ・アクション	辻村みよ子
脱原子力社会へ	長谷川公一
希望は絶望のど真ん中に	むのたけじ
戦争絶滅へ、人間復活へ	むのたけじ 黒岩比佐子聞き手
福島 原発と人びと	広河隆一
アスベスト 広がる被害	大島秀利
原発を終わらせる	石橋克彦編
日本の食糧が危ない	中村靖彦
ウォーター・ビジネス	中村靖彦
勲 章 知られざる素顔	栗原俊雄
生き方の不平等	白波瀬佐和子
同性愛と異性愛	風間 孝 河口和也
居住の貧困	本間義人
贅沢の条件	山田登世子
ブランドの条件	山田登世子
新しい労働社会	濱口桂一郎
世代間連帯	上野千鶴子 辻元清美
当事者主権	中西正司 上野千鶴子
道路をどうするか	五十嵐敬喜 小川明雄
建築紛争	五十嵐敬喜 小川明雄
ルポ 労働と戦争	島本慈子
戦争で死ぬ、ということ	島本慈子
ルポ 解 雇	島本慈子
子どもへの性的虐待	森田ゆり
森 の 力	浜田久美子
テレワーク 「未来型労働」の現実	佐藤彰男
反 貧 困	湯浅 誠
ベースボールの夢	内田隆三
グアムと日本人 戦争を埋立てた楽園	山口 誠
少子社会日本	山田昌弘
「悩み」の正体	香山リカ
いまどきの「常識」	香山リカ
若者の法則	香山リカ
変えてゆく勇気	上川あや
定 年 後	加藤 仁
労働ダンピング	中野麻美
誰のための会社にするか	ロナルド・ドーア
安心のファシズム	斎藤貴男
社会学入門	見田宗介
現代社会の理論	見田宗介
冠婚葬祭のひみつ	斎藤美奈子
少年事件に取り組む	藤原正範
まちづくりと景観	田村 明
まちづくりの実践	田村 明
桜が創った「日本」	佐藤俊樹
生きる意味	上田紀行
ルポ 戦争協力拒否	吉田敏浩
社会起業家	斎藤 槙
男女共同参画の時代	鹿嶋 敬

岩波新書より

ああダンプ街道　佐久間　充
山が消えた　残土・産廃戦争　佐久間　充
少年犯罪と向きあう　石井小夜子
自白の心理学　浜田寿美男
原発事故はなぜくりかえすのか　高木仁三郎
プルトニウムの恐怖　高木仁三郎
能力主義と企業社会　熊沢　誠
証言　水俣病　栗原　彬編
コンクリートが危ない　小林一輔
東京国税局査察部　立石勝規
バリアフリーをつくる　光野有次
ドキュメント　屠　場　鎌田　慧
現代社会と教育　堀尾輝久
原発事故を問う　七沢　潔
災　害　救　援　野田正彰
ボランティア　もうひとつの情報社会　金子郁容
スパイの世界　中薗英助
都市開発を考える　大野輝之　レイコ・ハベ・エバンス

ディズニーランドという聖地　能登路雅子
原発はなぜ危険か　田中三彦
世直しの倫理と論理　上・下　小田　実
異邦人は君ヶ代丸に乗って　金　賛汀
読書と社会科学　内田義彦
資本論の世界　内田義彦
社会認識の歩み　内田義彦
科学文明に未来はあるか　野坂昭如編著
働くことの意味　清水正徳
一九六〇年五月一九日　日高六郎編
暗い谷間の労働運動　大河内一男
住宅貧乏物語　早川和男
食品を見わける　磯部晶策
社会科学における人間　大塚久雄
社会科学の方法　大塚久雄
農の情景　杉浦明平
ルポルタージュ　台風十三号始末記　杉浦明平
日本人とすまい　上田　篤
自動車の社会的費用　宇沢弘文

「成田」とは何か　宇沢弘文
戦没農民兵士の手紙　岩手県農村文化懇談会編
ものいわぬ農民　大牟羅　良
死の灰と闘う科学者　三宅泰雄
ユ　ダ　ヤ　人　J-P・サルトル　安堂信也訳

岩波新書より

哲学・思想

書名	著者
〈運ぶヒト〉の人類学	川田順造
哲学の使い方	鷲田清一
ヘーゲルとその時代	権左武志
柳　宗悦	中見真理
人類哲学序説	梅原　猛
加藤周一	海老坂武
哲学のヒント	藤田正勝
空海と日本思想	篠原資明
論語入門	井波律子
トクヴィル　現代へのまなざし	富永茂樹
和辻哲郎	熊野純彦
西洋哲学史　古代から中世へ	熊野純彦
西洋哲学史　近代から現代へ	熊野純彦
現代思想の断層	徳永　恂
宮本武蔵	魚住孝至
いま哲学とはなにか	岩田靖夫
西田幾多郎	藤田正勝
善と悪	大庭　健
丸山眞男	苅部　直
世界共和国へ	柄谷行人
悪について	中島義道
ポストコロニアリズム	本橋哲也
ハイデガーの思想	木田　元
現象学	木田　元
私とは何か	上田閑照
戦争論	多木浩二
キケロ	高田康成
プラトンの哲学	藤沢令夫
術語集 Ⅱ	中村雄二郎
術語集　気になることば	中村雄二郎
臨床の知とは何か	中村雄二郎
哲学の現在	中村雄二郎
マックス・ヴェーバー入門	山之内　靖
近代の労働観	今村仁司
民族という名の宗教	なだいなだ
権威と権力	なだいなだ
戦後ドイツ	三島憲一
ニーチェ	三島憲一
「文明論之概略」を読む　上・中・下	丸山真男
日本の思想	丸山真男
近代日本の思想家たち	林　茂
文化人類学への招待	山口昌男
生きる場の哲学	花崎皋平
死の思索	松浪信三郎
イスラーム哲学の原像	井筒俊彦
孟子	金谷　治
知者たちの言葉	斎藤忍随
プラトン	斎藤忍随
朱子学と陽明学	島田虔次
デカルト	野田又夫
ソクラテス	田中美知太郎
現代論理学入門	沢田允茂
哲学入門	三木　清

岩波新書より

芸術

学校で教えてくれない音楽　大友良英
中国絵画入門　宇佐美文理
瞽女うた　ジェラルド・グローマー
東北を聴く　佐々木幹郎
黙示録　岡田温司
デスマスク　岡田温司
ボブ・ディラン ロックの精霊　湯浅学
仏像の顔　清水眞澄
ヘタウマ文化論　山藤章二
小さな建築　隈研吾
自然な建築　隈研吾
コルトレーン ジャズの殉教者　藤岡靖洋
雅楽を聴く　寺内直子
歌謡曲　高護
世界の音を訪ねる　久保田麻琴
四コマ漫画　清水勲
漫画の歴史　清水勲

琵琶法師　兵藤裕己
日本庭園　小野健吉
歌舞伎の愉しみ方　山川静夫
シェイクスピアのたくらみ　喜志哲雄
演出家の仕事　栗山民也
肖像写真　多木浩二
宝塚というユートピア　川崎賢子
東京遺産　森まゆみ
絵のある人生　安野光雅
日本の色を染める　吉岡幸雄
プラハを歩く　田中充子
コーラスは楽しい　関屋晋
日本絵画のあそび　榊原悟
イギリス美術　高橋裕子
ぼくのマンガ人生　手塚治虫
日本の現代演劇　扇田昭彦
日本の近代建築 上・下　藤森照信
日本の舞踊　渡辺保
千利休 無言の前衛　赤瀬川原平

やきもの文化史　三杉隆敏
色彩の科学　金子隆芳
仏像の誕生　高田修
マリリン・モンロー　亀井俊介
歌右衛門の六十年　中村歌右衛門 山川静夫
フルトヴェングラー　脇圭平 芦津丈夫
ヴァイオリン　無量塔蔵六
床の間　太田博太郎
日本の耳　小倉朗
水墨画　矢代幸雄
絵を描く子供たち　北川民次
名画を見る眼 正・続　高階秀爾
音楽の基礎　芥川也寸志
日本美の再発見〔増補改訳版〕　ブルーノ・タウト 篠田英雄訳

自然科学

人物で語る数学入門　高瀬正仁
高木貞治　近代日本数学の父　高瀬正仁
桜　勝木俊雄
エピジェネティクス　仲野徹
算数的思考法　坪田耕三
地球外生命　われわれは孤独か　長沼毅・井田茂
科学者が人間であること　中村桂子
富士山　大自然への道案内　小山真人
近代発明家列伝　橋本毅彦
川と国土の危機　水害と社会　高橋裕
適正技術と代替社会　田中直
四季の地球科学　尾池和夫
地下水は語る　守田優
キノコの教え　小川眞
宇宙から学ぶ　ユニバソロジのすすめ　毛利衛

宇宙からの贈りもの　毛利衛
心と脳　安西祐一郎
職業としての科学　佐藤文隆
宇宙論への招待　佐藤文隆
津波災害　河田恵昭
太陽系大紀行　野本陽代
偶然とは何か　竹内啓
ぶらりミクロ散歩　田中敬一
超ミクロ世界への挑戦　田中敬一
冬眠の謎を解く　近藤宣昭
人物で語る化学入門　竹内敬人
ダーウィンの思想　内井惣七
宇宙論入門　佐藤勝彦
タンパク質の一生　永田和宏
疑似科学入門　池内了
ウナギ　地球環境を語る魚　井田徹治
数に強くなる　畑村洋太郎
人物で語る物理入門　上・下　米沢富美子

宇宙人としての生き方　松井孝典
私の脳科学講義　利根川進
木造建築を見直す　坂本功
市民科学者として生きる　高木仁三郎
科学の目 科学のこころ　長谷川眞理子
地震予知を考える　茂木清夫
水族館のはなし　堀由紀子
生命と地球の歴史　丸山茂徳・磯崎行雄
生命の起原と生化学　オパーリン　江上不二夫編
量子力学入門　並木美喜雄
科学論入門　佐々木力
相対性理論入門　内山龍雄
ブナの森を楽しむ　西口親雄
細胞から生命が見える　柳田充弘
摩擦の世界　角田和雄
からだの設計図　岡田節人
孤島の生物たち　小野幹雄
大地動乱の時代　石橋克彦
日本酒　秋山裕一

岩波新書より

日本列島の誕生	平　朝彦
生物進化を考える	木村資生
大地の微生物世界	服部　勉
馬は語る	沢崎　坦
花と木の文化史	中尾佐助
栽培植物と農耕の起源	中尾佐助
宝石は語る	砂川一郎
動物園の獣医さん	川崎　泉
星の古記録	斉藤国治
宇宙と星	畑中武夫
分子と宇宙	木原太郎
物理学とは何だろうか　上・下	朝永振一郎
数の体系　上・下	彌永昌吉
人間であること	時実利彦
植物たちの生	沼田　真
動物と太陽コンパス	桑原万寿太郎
アラビア科学の話	矢島祐利
科学の方法	中谷宇吉郎
日本の地形	貝塚爽平

数学の学び方・教え方	遠山　啓
数学入門　上・下	遠山　啓
無限と連続	遠山　啓
原子力発電	武谷三男編
物理学はいかに創られたか　上・下	アインシュタイン インフェルト 石原　純訳
零の発見	吉田洋一

岩波新書/最新刊から

1580 **鎌倉幕府と朝廷**
シリーズ 日本中世史②
近藤成一 著
幕府と朝廷が並び立つ、新たな時代の始まり。源平争乱から幕府誕生、モンゴル戦争を経て崩壊に至るまで、鎌倉幕府の時代を描き切る。

1592 **首都直下地震**
平田直 著
巨大都市の弱点を一撃で突くこの地震は、どのような被害と災害をもたらすのか。地震学の最新の知見を紹介する。

1593 **ガルブレイス**
アメリカ資本主義との格闘
伊東光晴 著
「経済学の巨人」没後十年。ケインズでイギリスを、シュンペーターでドイツを論じてきた社会経済思想史研究三部作の完結編！

1594 **プーチンとG8の終焉**
佐藤親賢 著
クリミア編入後にG8の枠組みと決別したロシア。経済的苦境の中、ナショナリズムと軍事力に訴える大統領の政策展開を巨細に報告。

1595 **古代東アジアの女帝**
入江曜子 著
七世紀に日本、新羅、中国の東アジア世界に女帝が出現するには、どのような必然があったのか？ 新しい角度から歴史を読み直す。

1596 **学びとは何か**
〈探究人〉になるために
今井むつみ 著
「学び」とは、あくなき探究のプロセスだ。古い知識観――知識のドネルケバブ・モデル――を脱却し、自ら学ぶ力を呼び起こす一冊。

1597 **水の未来**
グローバルリスクと日本
沖大幹 著
水問題は、エネルギー問題や食料安全保障、気候変動への適応策に絡む。悲観論に陥ることなく持続可能な未来を構築する道を探る。

1598 **世界の名前**
岩波書店辞典編集部 編
世界の人々はどのように名前をつけているのでしょう？ 古今東西の名前の仕組みや意味を一〇〇のエッセイで紹介します。

(2016. 4)